U0633509

基础教育改革与教师专业发展丛书

班主任工作系列

让教育智慧绽放光彩
——中学班主任工作实用案例

RANG JIAOYU ZHIHUI ZHANFANG GUANGCAI

王　勇◎主　编

马　剑◎副主编

安徽师范大学出版社

责任编辑:潘　安

装帧设计:丁奕奕

图书在版编目(CIP)数据

让教育智慧绽放光彩:中学班主任工作实用案例/王勇主编.—芜湖:安徽师范大学出版社,2013.7(2014.7重印)

(基础教育改革与教师专业发展丛书)

ISBN 978-7-5676-0300-4

Ⅰ.①让… Ⅱ.①王… Ⅲ.①中学-班主任工作 Ⅳ.①G635.1

中国版本图书馆CIP数据核字(2012)第319351号

让教育智慧绽放光彩
——中学班主任工作实用案例
王　勇　主编

出版发行:安徽师范大学出版社

　　　　芜湖市九华南路189号安徽师范大学花津校区　　邮政编码:241002

网　　址:http://www.ahnupress.com/

发 行 部:0553-3883578　5910327　5910310(传真)　　E-mail:asdcbsfxb@126.com

经　　销:全国新华书店

印　　刷:安徽芜湖新华印务有限责任公司

版　　次:2013年7月第1版

印　　次:2014年7月第2次印刷

规　　格:787×960　1/16

印　　张:13

字　　数:193千

书　　号:ISBN 978-7-5676-0300-4

定　　价:23.00元

基础教育改革与教师专业发展丛书编委会

内容简介

　　本书在"前言"中提出,做好中学班主任工作的秘诀在于"爱心"和"责任"两个方面。第一章从中学班主任工作的职责、内容、特点角度予以理论证明。第二章至第七章用大量的案例从不同角度予以事实证明。这些案例,直接来源于中学班主任的实际工作,鲜活生动,具有典型性,又分门别类,构成完整的体系,由案例的直接参与者根据据亲身经历归纳、整理而成,突显中学生的年龄特征和认知特点,叙事清晰,分析透彻,给读者极其有益的启迪。

　　本书以"生活即教育"为主线,以中学生的素质教育为对象,在全面发展中促使学生改正缺点、不断前进,从而积极帮助学生自我成长、实现梦想。本书体例完整,语言通俗易懂,适合中学班主任阅读,也可供中学生学习、生活的辅导人员阅读使用。

总　序

　　"教育改革"在当下是一个出现频率非常高的概念,这种语言现象所反映的正是教育实践的客观现实。伴随着经济全球化、信息化和网络化的迅猛发展,世界范围的教育改革正一浪高过一浪,教育改革正成为一项持续不断的教育实践活动。可以说,变革已成为当代教育的一个典型特征。

　　同样,改革也是我国当代基础教育领域蓬勃发展的重要驱动轴。近年来,基础教育改革正在各个层面全面展开:在课程领域,综合课程、活动课程、微型课程、模块课程等正在逐步取得与学科课程同等的地位,并对促进学生的全面发展发挥着不可替代的作用;在教学领域,诸如探究式教学、互动式教学、学生自主学习、合作学习等一系列新的教学方式和学习方式也正在逐步取代某些传统的教学方式和学习方式,被师生广泛运用于教学过程之中;在德育领域,一方面,某些陈旧落后的德育理念和模式正在为人们所摒弃,另一方面,多种新的德育理念和模式正在受到教育理论工作者和实践工作者的广泛关注并在学校德育实践中进行尝试和经受检验;在教育评价领域,传统的评价理念和范式同样日益受到人们的质疑与批判,与此同时,各种新的评价理念和范式层出不穷并被师生普遍接受和运用。

　　基础教育改革不仅使学校生活、师生关系和课堂面貌等发生了重要变化,也向广大教育实践工作者提出了新的更高的要求。持续不断的基础教育改革,使每一个投身于教育实践工作的人都面临着一系列无法回避的挑战。这种挑战,既意味着教育实践工作者不得不正视和思考教育改革带来的各种新的问题,同时也意味着他们在面对不断变化的教育实践情境时,必须采取适当、合理的因应与行动。

教育大计,教师为本;有好的教师,才有好的教育。这既是基础教育改革实践的强烈诉求,同时也是理性认识基础教育改革所形成的共识。好的教师,才有可能既娴熟自如地驾驭教育教学活动,最大限度地促进学生的发展,同时又能够有效地应对社会和教育发展所带来的各种新变化、新要求,成为教育改革的参与者和"弄潮儿"。好的教师由何而来呢?也许人们对这一问题有着各自不同的认识,也许不同的教师其成长的过程和方式各有差异,但可以肯定的是,好的教师既需要经受教育实践的历练,需要教育实践给予其充分展现的机会,同时,也需要接受教育理论的滋养,需要对教育教学的本质和规律性有着正确的认知和把握。

与教育实践工作者相同的是,教育理论工作者也正在面对教改所带来的诸多挑战。基础教育改革的蓬勃展开,也必然会对教育理论工作者提出如何恰当地回应教育改革、如何研究和解决教育改革中出现的各种新问题、如何引领教育改革的发展方向等诸多问题。可以说,在教育改革持续展开的背景下,教育理论工作者正面临着双重任务:一是必须及时研究和探索教育改革中不断出现的新情况、新进展,发现制约改革的各种因素和变量,揭示和分析教育改革发生发展的特点和规律;二是必须观照教育改革参与者特别是中小学教师的实践诉求,通过对教育改革实践的理论阐述,引领他们更加理性、有效地处理改革实践中所遇到的种种现实问题。

　　我们欣慰地看到,当前,已有很多学者对基础教育改革的一系列重要问题进行了深入的研究和探讨,从多角度、多方位提出了诸多有关教育改革的真知灼见,展示了学者们对教育改革实践的理性认识。然而,如何将这些理性认识转变为教育改革实践的理性行动,却需要做一番综合与转化工作。所谓综合,就是要对不同的理论研究成果,根据教育实践的逻辑,重新进行组合与梳理,以形成更加适合于教育实践的知识体系;所谓转化,则是要通过对知识的再加工和再创造,将原本用于精确表达思想和观念的科学话语体系,转变成实践话语体系,从而更加适合教育改革实践的需要。而本套丛书所努力达成的,就是这样的一个目标。我们期待我们所做的综合与转化的努力,能够产生切实的实践效果。

　　教育改革既涉及宏观层面,也涉及微观层面。仅有宏观层面的努力而缺失微观层面的配合与行动,教育改革不可能取得成功。宏观层面的教育改革主要是由政府来决定和实施,而微观层面的改革不仅需要政府的介入,更需要教育实践工作者的实际行动。我们编写这套丛书,主要的目标是指向微观层面,指向中小学教师的教育教学实践。丛书涉及当前基础教育改革和教师专业发展的诸多领域,主要针对当前基础教育改革和教师专业发展中所遇到或将要遇到的一系列问题而编写,以问题作为研究和讨论中心。我们期望通过聚焦教育改革实践中遇到的各种实际问题,借鉴中外教育改革的研究成果和成功经验,为教育实践工作者正确地认识和把握这些具体的实际问题提供指导和帮助。

　　本丛书主要包括教师专业发展系列、基础教育改革与学生发展系列、新课程教学探索系列、班主任工作系列、心理健康教育系列、教师专业标准系列等,读者对象主要是广大中小学教师。丛书的定位是理论与实际有机结合、介于学术著作和通俗读物之间,既注意吸收相关学科领域的最新成果,反映教育教学研究的前沿动态,又注重贴近中小学教师的工作和生活,对目前我国基础教育的实际以及教改实施与进展的状况进行分析和探讨,注重解决读者在实践中遇到的问题或困惑,努力做到科学性、前沿性、实用性的统一。丛书内容通俗易懂,深入浅出,每册书在内容上不求大而全,不求面面俱到,而是突出重点,将关注教师的需求放在第一位,尽可能为他们提供有针对性的思想和理论的引领,给他们以实践操作的启发。

我们相信本套丛书的出版,能让广大一线中小学教师获得所需的知识和有益的启示,对学校的进步、教师的发展和学生的成长发挥建设性的指导作用,为促进教育改革和教师发展增添些许动力。我们也期待着本丛书的出版,能够为师范院校相关学科的教学与研究提供更为丰富的素材,从而推动教师教育质量的不断提升。

编委会
二〇一三年一月

前　言

"春蚕到死丝方尽,蜡炬成灰泪始干。"这是人们对从事教育这一行业的人所给予的生动描述和崇高评价。的确,教师职业的突出特点就在于它的无私性和奉献性。教师职业实实在在是一种燃烧自己照亮他人、奉献自己引领他人、牺牲自己成就他人的崇高职业。无论采用何种语言,我们对教师职业崇高性和神圣性的褒扬都显得不为过。

作为教师职业生活中的一个重要群体,班主任对于学生成长和发展的指导、引领、激励和促进作用是不容置疑的,同时也是不容忽视的。虽然对于任何一位教师来说,教书育人是其无论采用什么借口都无法予以回避的神圣天职,但是对于班主任来说,由于其与学生接触和交往的长期性、广泛性和深入性,他对于学生身心的成长和发展具有更加直接和重要的影响。

作为一名班主任,不仅需要关注每个学生的学业成绩和智力发展,更需要关心每个学生身心的全面发展和成长,关心学生在思想、人格、精神、品德、情感、心理、身体等层面的发展状态和水平,及时发现学生在上述各个发展层面上的偏离和失当之处,并采取有效的教育策略和措施对其加以积极转化和引导,以期带领学生从误入歧途的境地中及时脱身,向着正确的生活方向踏实前进。这实质上就是一种"长善而救其失"的教育过程。从某种意义上来看,班主任对于后者的关注比对于前者的关注更加必要,也更加有意义。虽然在当今社会日趋激烈的竞争态势下,学生的学业成绩和智力发展是上至国家、社会下至每位家长、每位教师都十分关注并且着力加以提高和推进的重要事情,但是,从个人发展和完善的长远角度来看,促使个人成功的因素并非仅仅在于学业成绩和智力因素的发展,人的非智力因素,人的思想、精神、人格的健全与否,对于人的整体生命的成功和幸福与否同样具有极其重要的意义。由此,我们可以毫不夸张地说,班主任工作是对每一个学生整体生命的珍视和呵护,班主任珍视和呵护的不仅仅是学生身体素质和智力的发展,更是学生精神生命的"成人"过程。诚如雅斯贝尔斯所言:"教育的过程首先是一个精神成长的过程,然后才成为科学获知过程的一部分。"[①]

那么我们应该如何执著地坚守在班主任的工作岗位上,为学生整体生命的成长和完善做切实有效的"呵护工作"呢?我们认为,做好班主任工作的秘诀在于"爱心"和"责任"两个方面。

一、我的教育漫话——爱心与教育

不言而喻,教育的过程实质上就是两个生命之间的相遇、对话和相互影响的过程。对话,这种我们平常再熟悉不过的生活现象,不仅是教育得以形成和展开的重要媒介,而且直接就是教育过程本身。没有教育者和受教育者之间的对话、交流和沟通,教育便无从产生。在这里需要注意的是,我们在这里所言及的"对话"不仅仅是我们在日常生活中亲眼所见、亲耳所闻的生活现象,而且具有在本体论意义上的哲学涵义。这就是说,我们所言的对话具有更广泛的理论视野,更多的是从人类生活的整体图景出发来理解和看待对话的。

在日常的教育生活中,我们往往会习惯性地产生一种错觉,认为教育过程就是一种类似于在两个个体之间传递实质性物品的过程。作为教育者的一方(教师)是拥有知识、经验和智慧的一方,作为受教育者的一方(学生)是缺乏知识、经验和智慧的另一方,为了社会的延续和发展,教育者需要把自己的知识、经验和智慧像灌香肠一样灌到学生的头脑中,以使他们更好地成为一名合格的社会成员。实际上,这种针对教育的日常见解,仅仅处于"意见"的层次,并不具有真理的性质。它仅仅只是一厢情愿的幻想而已,并不具有实现的可能性。对于这一问题,杜威早就有深刻的认识。他说,必须培养学生拥有社会群体需要的各种知识、态度、兴趣、观念等。物质的东西可以在空间搬运,但是观念、兴趣和态度不能在人与人之间实现直接的传递。总之,"所需的信仰不能硬灌进去,所需要的态度

---

① 雅斯贝尔斯.什么是教育[M].邹进,译.北京:三联书店,1991:30.

不能粘贴上去"①。

可以说,作为哲学家和教育家的杜威敏锐地察觉到,教育过程不同于外部世界的物质运动过程。这是因为,教育过程面对的不是像石头或砖块这样毫无生命的东西,相反,教育过程面对的是活生生的、有着自己丰富感情和体验的、有着自主意识的人的心灵。因而要培育这种不同于无生命物质的人的心灵,实现人的心灵的转向,万万不可采用针对无生命物质的行动方式和行动规律。教育作为培育人的心灵的艺术,必须遵循自身特殊的内在规律。

那么教育本身的特殊规律到底是什么?作为教育者,究竟应当如何传递知识、观念、兴趣、态度以便实现人的心灵的转向呢?也许只有一种办法,就是用心灵去唤醒心灵,用心灵去启发心灵,用教育者的心灵去培育学生的心灵,进而实现学生心灵的充实和转向。只有在教育者的心灵和学生的心灵都处于敞开的状态中,只有在教育者的心灵和学生的心灵处于交融、碰撞的过程中,学生的心灵才有可能被教育、被指引,从而指向正确的方向。这种心灵与心灵敞开和碰撞的过程,不正是一种对话的过程吗?

对话的存在,使那些无法直接传递的知识、兴趣或态度的传递成为可能。历史上著名的思想家、教育家孔子和苏格拉底所实施的教育便是一种典型的对话式教育,他们在对话式教育上的成功实践便是对"教育的过程实质上是一种对话的过程"这一观点最好的注解和证明。正是在苏格拉底"催产术"的引导之下,学生才意识到自己的无知与可笑,才意识到问题的尖锐性,才开始追问什么才是问题的真正答案,从而才有可能把握真理所在。苏格拉底一直强调:"教育并不是知者随便带动无知者,而是师生共同寻求真理。"②

由此可见,一厢情愿式的灌输过程并不能解决教育的难题,实现人的心灵转向单靠灌输式的教育方式难以达到培育人的目的。并且,灌输式的教育方式非但不能达到培育人的目的,相反,它还在干着扼杀人的智慧和精神的勾当。这种教育方式不仅不能培养学生置疑的能力、探索的勇

---

① 杜威.民主主义与教育[M].王承绪,译.北京:人民教育出版社,2001:16.
② 雅斯贝尔斯.什么是教育[M].邹进,译.北京:三联书店,1991:11.

气、创新的精神，而且它灌注给学生的那些所谓的"知识"并不能成为学生自身的智慧，反而成为扼杀学生智慧的手段，徒增学生记忆、学习和思想上的压力，从而最终可能造就出徒有知识之名却无智慧和精神之实的畸形之人、片面之人。

所以，教育的本质是一种心灵的对话，教育需要师生双方真诚对话！"教育就是对话，是上一代人和下一代人的对话，是教师和学生的对话，是历史和现实的对话，是人类历史经验与学生个体的对话。"①

既然教育是一种师生双方对话的过程，那么教师就需要放弃传统的、那种高高在上的、忽视学生人格和尊严的错误姿态，以一种平等的姿态去同学生做真诚的对话和交流，从而帮助学生完成思想、心灵和精神的革新与充实，使学生能够体认真理，增强自我认识的主动性和自觉性，进而能够自主地选定自己的奋斗方向并踏踏实实地为之努力。这就是人们经常提及的"教是为了不教"的道理。而要做到这一点，教师必须在内心时刻充满着对教育事业满腔的热爱、对学生炽烈而又真诚的爱。

可能有人会疑惑，既然教育的本质是对话，那么教育者就和学生开展无止无休的对话就可以了，为何需要对学生"动之以情"呢？持这种观点的人可能没有严肃地思考对话与爱心两者之间的关系。我们的观点是，没有爱就不可能造就真正意义上的对话。

不难想象这样的情景，当我们与亲人、与自己关系最为密切的人进行对话的时候，我们自身处于种种不为自己所察觉的状态。在这种对话中，我们和对话者有一种亲密的感觉，我们在心理上愉快地、充分地、全方位地接纳着他，他的一举一动、一颦一笑都深深地牵连着我们的心。我们会仔细而又专注地凝视着他，细心地倾听着。我们会敏感地察觉他的心理状态。他的处境、他的快乐、他的喜悦、他的忧虑、他的悲伤，统统都是我们密切关注的对象，并且我们能够身临其境加以感受和体验。当他快乐时，我们会为他的快乐而快乐，当他焦虑时，我们会为他的焦虑而焦虑。当我们发觉他当前面临着难题和危机时，我们会把这种难题和危机当做自己的难题和危机而加以严肃的思考，尝试着为他出谋划策。这就是我

---

① 金生鈜.理解与教育[M].北京:教育科学出版社,1997:134.

们在生活中最为常见也最为典型的对话状态。在这种对话状态之中,我们看不见明显的"爱",但是我们时时刻刻体会到一种浓郁的爱的氛围。我们看到,构成和维系这种典型的对话状态的灵魂便是"爱"的存在。爱的灵魂自始至终贯穿着对话的过程,没有这种爱,根本不可能构造出这种对话的场景。

从对日常对话的观察和分析中,我们不难体察到"爱"是构成真正意义上的对话的必要基础和必备条件。没有爱,人与人之间就无法实现真正的对话和交流,冷漠绝对不可能产生真实的对话。而这种通过对日常生活所做的观察和理解所得到的经验和智慧完全可以迁移到具有相似情境的教育过程中。在教育过程中,教育者和学生同我们上述所言及的亲人一样,都是具有思想和感情的人,并且,对于学生来说,由于其在知识、经验和能力上处于弱势的地位,在通常情况下都对拥有丰富知识和经验的教育者有着一种天然的亲近感、崇拜感,很容易在心理上接纳教育者。所以,要形成师生之间真正意义上的对话,需要教育者这一方主动作出努力。这一努力便是教育者要付出真诚的爱心,要无私地、热烈地爱着自己的学生。

只有在内心当中真诚无私地保有一颗热爱学生的火热之心,教育者才能敞开自己的胸怀,在内心中热情主动地拥抱、接纳学生,在教育生活中细心体察每一位学生的喜乐哀乐,善于容忍学生暂时的不完美状态,并且积极主动地去关注每一位学生在学习和成长过程中遭遇的难题和挑战,想方设法通过种种有效的教育措施加以及时的化解。只有在内心中真诚无私地保有一颗热爱学生的火热之心,教育者才能消除学生的戒备之心,感化学生稚嫩的心灵,才能有机会取得学生的信任。这样,学生才愿意向教育者敞开自己的心扉,袒露自己真实的状态。至此,教育者便可以了解到学生最真实的一面,进而针对学生的真实状况做出恰当的教育决策。只有在内心真诚无私地保有一颗热爱学生的火热之心,师生之间才有可能缔造亲密、融洽、和谐的师生关系,而这种和谐的师生关系恰恰又为师生双方平等、民主、有效的对话奠定了坚实的基础。

虽然说爱并不能直接等同于教育,然而教育却一时一刻也离不开爱。没有教师发自内心的对学生真诚无私的爱,教育便无法走入甚至走'

近学生的心灵世界,而无法走入学生的心灵深处,教育者便无法与学生展开真实、有效、深入的对话,没有对话,教育的希望注定不会达成。由此我们可以看出,教育的本质是对话,而对话的根基在于爱心,教育、对话、爱心三位一体。只有理清它们三者之间的密切关联,我们才能深刻理解特级教师李镇西先生在其成名作《爱心与教育——素质教育探索手记》中那几句饱含深情的话:

素质教育,首先是充满感情的教育。

一个真诚的教育者必定是一位真诚的人道主义者。

一个受孩子衷心爱戴的老师,一定是最富有人情味的。

只有童心才能唤醒爱心,只有爱心才能滋润童心。

离开了感情,一切教育都无从谈起。[1]

二、拥有生命意义的教育责任——为了孩子的未来

既然爱是教育的根基,教育是一项爱的事业,那么我们就要仔细考察爱的涵义,特别是在教育这一语境中的涵义。只有准确理解和把握爱的真实涵义,作为教育者的我们才能够依照正确的原则来实施教育活动。而要考察在教育语境中爱的涵义,我们可以通过思考爱不是什么的问题,排除出不甚合理的爱的涵义,这样或许才有可能逐步逼近教育语境下爱所包含的涵义。

首先,教育语境中的爱肯定不能与暴力、野蛮、奴役、控制、束缚这些词语相联系。爱同上述这些词语之间本身就是势不两立的东西。这是因为,首先,爱本身意味着对于别人的接纳和肯定,只有积极地接纳和包容别人,人才有可能对另外一个人产生爱的态度和倾向。而暴力、控制和束缚这些字眼,完全不是旨在积极地接纳和包容别人,而是从头至尾充满着对与自己不同的"他者"的冷漠与仇恨。这种漠视与仇恨怎么能与爱相提并论呢?举个简单的例子,在奴隶社会,奴隶主对奴隶实行种种野蛮的、惨无人道的压迫和奴役,试想一下,有谁会把奴隶主对于奴隶的压迫、奴役和控制的这种行为说成是奴隶主对奴隶的爱呢?其次,任何爱的行动本身便内在地预设了给予他人以充分的自由这一潜在含义,爱意味着允

---

① 李镇西.爱心与教育——素质教育探索手记[M].桂林:漓江出版社,2007:14.

许他人自由,允许他人自由自在地呼吸新鲜的空气,自由自在地享受自我休闲、自我思考、自我行动以及自我负责的乐趣。"我们就是自由,我们就是被给定为自由的人。"①可是,暴力、奴役、控制、束缚这些行为恰恰与爱试图赋予人的自由和权力相反,它们实际上是试图严酷地剥夺一切原本属于人的自由,驯服人的意志,使人屈从和臣服于暴力、淫威的统治之下,绝无自由行动的任何可能性。那么,这种意在控制、驯服人的自由意志的行动又怎么可能是一种充满爱的行动呢?

其次,教育语境中的爱同时也不是一种任人纵情使性的毫无原则的态度。我们说爱不意味着控制别人、驯服别人,这并不表明爱本身就是一种任人拥有绝对自由的状态。真正的爱并非是放纵自流的态度。放纵自流,并不是在"爱"别人,相反,它可能实实在在地做着"害"别人的事情。例如,在家庭教育中,很多家长一味地宠爱孩子,孩子要什么就给什么,尽量满足孩子的一切合理的或者不合理的愿望和要求。这些家长满心欢喜地以为,通过这种无限满足孩子一切欲求的"爱的行动",就能使孩子健康快乐地成长。可是,仔细想想,这种做法真的是在"爱"孩子吗? 这种行为,与其说是在爱孩子,不如说是正在做相反的事情。家长越是设法满足孩子的任何要求,孩子也就越不可能知道什么是节制,因而也就越有可能滑向自私、放纵、任性的边缘。很多孩子正是在家长一味满足的情境中滋生和蔓延着不合理的欲望,他们只知道设法获得欲望的满足,而从来没有反思过这样的欲望是否合理,以致孩子最终长大成人,欲望的无法满足的特性毁了他们的一生。可见,这种爱并非真正的爱,与其说它是某种出于好心的爱,不如说它是一种盲目的爱、一种放任的爱。盲目的爱、放纵的爱丧失了爱的本意。

通过上面的分析,我们不难发现,真正的爱既不是一种控制,也不是一种毫无原则的放任自流,那些在教育过程中或者抱着恨铁不成钢的心态对学生的身心施行严厉体罚的教育,或者放任对学生的管理、任学生处于放任自流状态的教育,都不是理性的爱的行为。那么,在教育的语境中,理性的爱到底是一种什么样的状态呢?

实际上,在教育过程中理性的爱既不表现为教育者用严酷的手段去控制、束缚学生的成长与发展,也不表现为教育者任由学生处于自由放

---

① 雅斯贝尔斯.什么是教育[M].邹进,译.北京:三联书店,1991:41.

任、一切皆可的偶然行动当中,真正的爱的教育试图在这两者之间取一个恰当的平衡。这就是说,在教育过程中,理性的爱表现为尽力在立足于尊重与呵护学生生命的基础上承担必要的教育责任。具体来说,这种理性的爱表现在两个方面:

一是在教育过程中教育者需要秉持"生命在场"①的教育理念,力求做到尊重与呵护学生的生理生命和精神生命。不言而喻,教育过程实质上就是两个生命之间的相遇与影响的过程。在教育过程中,教育者所面对的教育对象是一个个鲜活可爱、天真烂漫、质朴纯真的生命存在,教育的目的是通过精心的启蒙和陶冶过程,引导这些暂时不够完善的生命存在逐渐摆脱自身的欠缺和不成熟的状态,使他们逐步走向更为丰满的生命存在状态,最终成为身体和精神都十分健康的理性之人、自由之人和幸福之人。既然教育的对象是鲜活跳动的生命存在,教育的目的又是要将这些暂时还不完善的生命存在提高到一个更加完善、更加丰满的生存状态,那么教育怎么不需要时刻关注学生的生命存在,怎么不需要尊重、善待和呵护学生的生命存在呢? 只有首先具有尊重生命、善待生命、呵护生命的理念与意识,才有资格谈对学生的教育和培养。如果连基本的尊重生命、善待生命、呵护生命的意识都不具备,那这样的教育根本不能称之为教育,这样的"教育"要么会演变为一种强迫和屈从的过程,要么会演变为一种无政府的状态。教育原本就是面对生命的工作,教育目的就是旨在提升个体生命的存在状态,因此教育必须首先做到尊重、善待和呵护每一个个体生命。这既是教育过程的逻辑起点,也是教育过程的实践起点。

尊重、善待、呵护学生的个体生命要求每一个教育者做到以下三点:第一,保护学生的身体健康,不要做任何不利于学生身体健康成长的事,同时需要设法开展各种教育活动,切实增进学生的身体发育和完善;第二,尊重学生的人格,呵护学生心灵的健康成长,不做任何有伤学生自尊、人格的事,尤其是要避免精神暴力对于学生心灵可能造成的潜在伤害;第三,每个学生都是独一无二的生命存在,都具有自己的独特性,都是不可替代的,教育者不是要排除这些独特性,强调教育的整齐划一性,而是要

---

① 张文质.我们是怎样做生命化教育研究的:张文质教育讲演录[M].福州:福建教育出版社,2009:141.

努力维护和设法培育每个学生的独特个性,使每个学生都能在各自的基础上得到发展和提升,成为具有独特魅力和个性的生命存在。

二是在尊重、善待、呵护学生整体生命的前提下,教育者需要不折不扣地履行自己肩负的教育责任。诚然,教育不是规训和屈从的过程,规训和驯服也无法达到教育的目的,但是这并不意味着教育者放弃自己应尽的教育责任。教育作为一项培育人的事业,不仅有着个体层面的目的,同时兼有社会层面的目的。就个体角度而言,前面已经论及,就是将身心两方面尚不完善的生命个体培育成身心健康的完善的个体;就社会层面而言,教育目的就是将尚不成熟的生命个体塑造成合格的社会成员。之所以除了教育的个体目的之外,还存在教育的社会目的,是因为任何社会要想继续生存和延续下去,必须有足够数量的成熟的社会成员通过物质生产、精神生产以及人类自身的再生产来加以维系。如果某一社会无法将维系其自身生存和延续的有关社会生活的理想、希望、期待、标准和意见及时有效地传达给年轻人的话,这个社会就不能生存下去。"社会通过各种无意的和计划好的机构,把蒙昧的和似乎异己的人改造成为它自己的资源和理想的健全的托管者。"①社会将这种培育、塑造未来合格成员的重要使命托付给了教育者这一群体,所以教育者理应担负起自己的教育责任,为守护社会的延续和发展而竭力培育人才。如果教育者不能有效履行整个社会赋予的重要职责,如果教育者听任学生自行地、任意地遭遇偶然因素的影响,那么教育者就在做玩忽职守的事,就在做危害社会延续和发展的事。

总之,教育语境中的爱,既不是类似于训练动物般的驯服与控制的过程,也不是听任教育对象任性而为、我行我素,完全处于偶然因素影响的过程。教育中爱的存在,既要求教育者从尊重学生个体生命的角度出发,细心地、耐心地、用心地去体会学生个体生命的温度、奇妙和美好,培植对个体生命的敏感性,发自内心地珍视生命、敬畏生命,并且采用有效的教育措施去呵护生命,又要求教育者处理好爱心与责任、启蒙与规训、限制与陶冶、自由与放任之间的关系,认真履行社会赋予自身的重要教育责任,不放松对学生的严格要求,以强烈的社会责任感来从事实际的教育工作,进而为社会的延续和发展造就出合格的年轻一代。虽然从表面来看,在教育

---

① 杜威.民主主义与教育[M].王承绪,译.北京:人民教育出版社,2001:16.

中,教育者对学生的爱与教育者履行教育职责、严格要求学生似乎是一对不可解决的矛盾,然而,教育要想获得成功,要想达成育人的目的,教育者必须设法有效地解决这个矛盾。解决好这对矛盾,既是教育工作的必然要求,又是教育工作艺术性的具体体现。对于这对矛盾,身为哲学家的康德曾经给予明确的关注并提出了他的解决办法。也许重温一下他的话会给我们有效地解决这对矛盾带来启示。他说:"教育中最大的问题之一是,人们怎样才能把服从于法则的强制和运用自由的能力结合起来。因为强制是必需的。我怎样才能运用强制培养出自由来呢?我应当让儿童习惯于忍受对其自由所施加的强制,并应同时指导他去良好地运用其自由。"①

三、爱与责任的收获——班主任的幸福所在

孟子曾经将教育工作作为自己人生中三件最快乐的事之一。他说:"君子有三乐,而王天下不与存焉。父母俱存,一乐也;仰不愧为天,俯不怍于人,二乐也;得天下英才而教育之,三乐也。"可见,教育在他的心目中是何等重要,他从教育工作中体会到一种实实在在的幸福之感。然而,教育的幸福感究竟源自何处,从事教育的幸福究竟是一种什么样的幸福呢?

首先,我们看到,教育者所面对的教育对象是身心还未健全的学生,这种情形与在家庭中时刻面对家长的处境十分相似,因为两者的工作对象都是儿童,都是活生生的生命,那么,这种相似的教育场景是否意味着教育者的幸福和快乐就是一种"孕育子女般"的幸福和快乐呢?答案是否定的。这是因为,虽然教育者同家长一样面对的是生命,但是教育者心头的幸福感绝不可能是孕育子女的快乐。孕育子女是家长的事务与职责,并不是教育者要做的工作。教育者的任务主要不是在于孕育生命和养育生命,而是在于呵护生命、点化生命和润泽生命。孕育、养育与教育虽然有着不可分割的密切关联,但是两者的界限是清楚的。孕育和抚养针对的主要是儿童的身体,目的在于使儿童的生命得以茁壮成长。而教育者的教育更多针对的是学生的心灵生活,关注他们的精神、人格、智力、态度、情感等方面的健康成长,目的在于使学生的整体精神生命得到成长和完善。可以说,教育的目的主要在于学生精神生命的"成人"过程,它要做

---

① 康德.论教育学[M].赵鹏,何兆武,译.上海:上海世纪出版集团,2005:13.

的是努力成全学生的精神生命,尽管生理生命的发展也是它不可忽视的一个重要方面。因此,教育者的幸福不可能同家长的幸福感相提并论,家长的幸福来自孩子的出生,来自孩子的牙牙学语,来自孩子身体的羽翼一天天丰满。而教育者的幸福却来自学生智力的发展、理智的健全、思维能力的提高以及心灵生活的充实与满足。

既然教育者的工作主要针对的是学生的精神生命,教育者的幸福来自自身对于学生精神生命的塑造和培育,那么教育者的这种"塑造"同工人对于产品的塑造确有几分相似之处。在日常教育生活中,我们不乏听到"教师是人类灵魂的工程师"的说法,甚至还有人信誓旦旦地宣称,只要给我一打健康的儿童和我所选择的特殊环境,那么我想把他们培养成什么人就能培养成什么人——医生、艺术家、教师,甚至可以培养成乞丐和盗贼,不管他有什么样的才能、爱好和禀赋。这是一种典型的针对学生的塑造理论。那么,这些是否意味着教育中对儿童精神生命的塑造工作就完全类似于工业环境中塑造产品的行为,教育者的幸福和快乐就等同于制造出物质产品的快乐呢?事实并不是这样。这两种行为之间有着本质上的不同。这是因为,工业生产中工人面对的对象只是一堆堆毫无生命的原材料,生产的目的是要通过各种毫无感情的切割、打磨、锻造将原材料加工成供人们使用的工业成品。如果说工业生产能够给生产者带来幸福的话,也只是因为所生产出的物质产品能够给人们生活带来的便利以及工业产品能在激烈的市场竞争中博得一个好价钱。

教育工作能与这种工作相提并论吗?教育面对的是有思想、有情感的生命存在,教育目的在于通过种种有效的教育措施将学生体内潜藏的禀赋牵引出来,从而达到学生心灵与人性的完善和完满状态。所以,这种针对学生心灵和精神生命的工作不可能只是毫无感情的制造活动,相反,它需要小心翼翼地使用精细、恰当、富有艺术的手法来守护和培育儿童心灵的成长和完善。只有当教育者热情地拥抱生命、接纳生命,用自己真诚而又高超的教育艺术将一个个学生从幼弱、稚嫩、含苞待放的花蕾转变成一朵朵绚烂盛开的花朵时,教育者的工作才算是成功的。也只有在这时,教育者才能强烈地体验到从事培育人的心灵这项工作给自己带来的无法言说的快乐与幸福。

这样,我们看到,教育者的幸福完全不同于工业生产者的幸福。工业生产者的幸福在于打磨、塑造原材料,目的是获得工作产品所带来的利润,他抱有的是一种制造和利用的心态,他要通过制造产品并利用其来达到自己的积累财富的目的。而教育者的幸福则在于充实和完善学生的心灵,他要通过教育艺术来培育和提升人的心灵和精神,从而将不成熟、不完善的自然之人转化为拥有自己独特精神和智慧的幸福之人、社会之人。在这一过程中,教育者完全没有任何制造或者利用的心态,他不是将学生看做是有待加工、制造的对象,而是将每一个学生看做是拥有自己尊严、人格、独特智慧和个性的生命存在,他不是把学生看做是达到自己一己之利的手段和凭借,相反,他有的仅仅是培养学生、满足家长、造福社会的态度,有的只是一种"捧着一颗心来,不带半根草去"的精神。

不难想象,当我们看到一个个天真烂漫的笑脸成长为社会的栋梁之才,当我们听到学生在多年之后对某某老师深深的怀恋和感激,当我们惊奇地发现书桌上突然有一封来自远方某位学生真挚的问候信,当我们看到家长对我们的工作所表现出的信赖和满意的表情,我们的心中是多么地激动,多么地满足,多么地幸福! 诚然,教育者的劳动并不是为了得到学生的回馈和家长的感谢,但这是教育者无私工作后一种自然而然的收获和回馈。教育工作不仅仅是一项给予爱的工作,同时一定也是一项收获爱的职业。爱的收获和回馈不仅仅是我们幸福和快乐的源泉,同时也是鞭策我们继续前进的强大动力。

总之,教育工作的意义和价值不在于自身的价值,而在于它造就别人、成就别人带来的价值。每一位教育者就是通过这种呵护他人、完善他人、成就他人的工作,使自己的人格和价值得到了充分的展现,构筑起自身的人格尊严和人生价值,获得从事教育这一行业的人所特有的幸福。可以毫不夸张地说:教育者生命的意义就在于成就他人的态度和行动。而要试图做到这一切,需要我们每一位教师,尤其是与学生朝夕相处、形影不离的班主任,用自己满腔的爱与责任来保证、来实践。

教育是一项播种爱的事业! 教育播下的是爱心和责任,收获的是丰满的心灵!

就让所有的教师、班主任以及我们一道去做播种爱的使者吧!

目　录

第一章　中学班主任工作的规定

任何工作都有自身独特的规律性。只有准确把握规律,按照该工作所特有的规定性来从事具体的实践活动,我们才不会走弯路,进而取得工作上的成功。从事中学班主任工作更是如此。这是因为,中学班主任工作的对象是具有自身独特智慧、情感和个性的青少年学生,如果班主任不能准确把握工作规律,严格按照班主任工作的特殊规定和要求来推进工作,那么,随之而来的不仅是自身工作的失败,更是中学生身心成长的耽搁和延误。另外,由于中学生正处于身心发展的"暴风骤雨期"[1],虽然已经具有一定程度的判断能力和认识能力,但还很不稳定,容易受到内外部各种不利因素的干扰,这种情况不仅增加了中学班主任工作的困难程度,而且更加凸显出中学班主任工作的重要性。只有清晰认识和准确把握中学班主任工作的特殊规定和要求,才能有效应对上述问题。

具体来说,中学班主任工作的特殊规定主要集中在其职责、内容和特点三个方面,下面我们分别就这三个方面做具体阐述。

第一节　中学班主任工作的职责

所谓职责,是指处在某一工作岗位的人所必须履行的责任。不同的工作岗位赋予处在该岗位的人以各不相同的职责。中学班主任工作岗位同样具有自己特殊的职责。只有明确中学班主任工作的具体职责,并在工作中切实肩负起这些职责,中学班主任才能有的放矢地开展各项教育工作。

依据教育工作的普遍规律,并结合中学教育的实际情况,我们将中学

---

[1] 张文新.青少年发展心理学[M].济南:山东人民出版社,2002:32.

班主任工作的职责归纳为五个方面。

一、关注集体、兼顾个体的职责

我们知道,现代学校教育教学的基本形式是班级授课制。学校以教育学和心理学知识为依托,将具有相近年龄和身心发展水平的学生组织起来,编成固定的班级,然后由教师按照固定的课程和作息时间对学生进行教育和教学。在教育过程中,人们发现,虽然每个班级有多个教师进行教学活动,但是学校生活除了教学活动之外,还有课外活动、团队活动、校外活动等需要开展。另外,涉及整个班级的诸如全班学生的德育工作、安全教育工作等,学校制定的政策及校园内的重要事件等,都需要委托专门的教育者对之进行宣传、发动、组织和开展。由此,班主任这一教育群体便应运而生。

通过以上对班主任教育群体产生的考察,我们不难发现,班主任原本就是应整个班集体的教育需要而产生的,并且他的工作对象就是整个班集体,而不仅仅是某个或某些学生。"班主任是班的教育者和组织者,是学校领导进行教导工作的得力助手。他对一个班的学生工作全面负责,组织学生的活动,协调各方面对学生的要求,对一个班集体的发展起主导作用。"[1]可以毫不夸张地说,班主任既是学校教育活动的全权代理者,又是某个班集体的全权负责者。

既然班主任是整个班集体的全权负责者,那么班主任在其工作中,首要的职责便是要着眼于整个班集体的大局,关注班集体的形成、建设和发展,并且力求运用整个班集体的教育力量来对全体学生进行引导和教育。

不过,虽然班主任的工作对象是整个班集体,但是由于整个班集体是由一个个具体的学生组成的,整个班集体的形成、建设和发展离不开每个学生的支持和参与,所以要想建设好班风正派、学风优良、师生和谐、朝气蓬勃的班集体,必须要从学生个体抓起,积极关注每一个学生在思想、态度、学习、生活方面的状态和表现,并针对其特殊情况作出及时、恰当的引导和教育工作。

比如,就学业成绩这一层面来看,根据学业成绩的正态分布规律,一

---

① 王道俊,王汉澜.教育学[M].北京:人民教育出版社,1989:516.

个班级中肯定存在不同比例的优等生、中等生和后进生,对于班主任来说,不仅需要关注优等生,对其进行适时的引导,使它们向着更高的学习目标逐级而上;同时也要关心中等生,帮助他们明确自身的优点,找出自身隐藏的缺陷以及和优等生之间的差距,使他们尽早跨入优等生的行列;另外,还要着力关注后进生的鼓励和转化工作,主动接触他们,积极协助他们正确看待自己的能力,分析学业失败的原因,并对其做学习方法上的指导,以期他们有朝一日能够摆脱学业失败的困境,成为一名学业优秀的学生。单就学业这一层面来说,班集体的和谐与发展并非仅仅是集体教育的事,集体教育需要辅之以个别教育的支撑。没有个别学生的进步和发展,集体也就难以进步和发展。所以,班主任在关注班集体组织和建设的同时,需要兼顾个别学生的教育工作。班主任要时刻清醒地辨明这样一个道理:只有通过集体才能更好地教育个人,同时,只有通过教育个人才能组建一个优秀的集体。

二、关心学习、促进健康的职责

学习是学生的天职,是学生在学校期间的主要任务。青少年是人生的黄金时代,其记忆力、思维力、想象力正处在蓬勃发展的敏感期、关键期,此时进行科学文化知识的学习,不仅易于接受,效果好,而且还能为日后的进一步学习和发展打下坚实的基础。所以,作为对青少年学生进行教育的专门机构,学校对于学生学习的关注和促进是必要的。学校的中心任务便是教学工作,学校的一切工作必须紧紧围绕教学工作来展开。忽视教学工作而将其他工作作为中心任务来抓,是错误的。学生的学习、学生学业的优劣成败不仅关系着学生自身的发展,而且是衡量学校工作成败得失的重要评价标准。

考虑到中学阶段学校教学制度的实际情况,任课教师在课堂外与学生的接触机会较少,因此,尽管学生某门功课的学习效果与某科任教师的教学工作密不可分,其课堂教学的质量直接影响学生的学业优劣和成败,但是,从更为宏观和客观的角度来说,学生学业成绩的成败得失不仅与任课教师的教学有直接关联,而且也与自身的学习态度、学习兴趣、学习习惯有密切关联。因此,作为班集体的组织者和引导者,班主任对全班学生的学业成绩同样负有重要的责任。"班主任要经常与任课教师取得联系，了解学生的学习情况，共同教好学生；要教育学生明确学习的目的，提高学习的自觉性，端正学习态度，增强学习的责任心，激发学习的兴趣，调动学习的积极性，培养顽强的意志，养成学习的良好习惯等等。"[1]只有如此，班主任才能充分发挥自身的组织引导作用，切实保障学生学业成绩的提高、学习任务的顺利达成。

除关心学生的学习外，促进学生健康同样是班主任不可推卸的重要职责。注意，这里的健康不仅涉及生理层面，更重要的是心理层面的健康。中学生处于身心的急剧变化和逐步完善的时期，在这一时期，虽然身体机构和机能已经逐步接近成年人的水平，但是由于正值青春发育期，身体结构和特征的快速发展和重大变化不可避免会对其心理产生直接或间接的影响，从而使中学生面临着心理发展的冲突和危机的境地。例如，精神分析学派的代表人物之一埃里克森通过对人的心理发展阶段的细致研究，提出了著名的心理社会发展阶段理论。他认为，在青少年期，个体如果不能成功地获得自我同一感，那么他将会产生同一性混乱或消极的自我同一性。所谓同一性混乱或者消极的自我同一性，简单来说，就是指当事人无法发现自己，也不知道自己究竟是一个什么样的人、想要成为一个什么样的人，不能形成清晰的、牢固的自我同一感。[2]由此可知，中学时代不仅是个体身体迅猛发展和渐趋成熟的时期，同时也是个体心理发展可能遭遇危险的危机时期，处理得当与否，直接影响着学生的自我认知、自身情绪以及对他人、对社会的看法，影响到学生正确的世界观、人生观、价值观的形成，最终影响到学生未来的发展。因此，作为中学班主任，理应自觉学习有关青少年身心发展的必要知识，准确把握学生身心发展的特殊变化规律，提前预见学生可能遭遇的种种心理发展的冲突和危机，并采取针对性的教育措施及时疏导、化解学生心理发展的障碍，带领学生走出心理发展的危机时期，从而不仅造就出学业优秀的学生，也造就出身心健康的新人。

---

① 朱家存.中小学班主任工作[M].合肥：安徽人民出版社，2007:4.
② 张文新.青少年发展心理学[M].济南：山东人民出版社，2002:41.

三、健全管理、注重教育的职责

　　班主任的工作对象是班集体,他赖以运用的教育力量也是班集体。这就是说,班集体不仅是班主任的教育对象,而且是教育的巨大力量。只有成功运用班集体的教育力量来对学生进行管理教育的班主任,才是一名合格的班主任。由于班主任自身时间、精力的限制,他不可能做到事必躬亲,不可能针对一个个学生进行单独的教育。这样的教育行动,既无实现的可能,也无法凸显班级授课制的效率。为了提高教育效率,班主任必须善于运用班集体的力量来对全班学生进行教育。但是,如何才能做到这一点呢? 一个纪律松弛、组织涣散、毫无目标和凝聚力的班集体肯定无法发挥自身的教育力量。所以,班主任要想充分发挥班集体的教育力量,必须要花力气组织、建设出一个班风纯正、学风优良、目标明确、组织完善的班集体。一个真正的班集体,一定是一个"有明确的奋斗目标,健全的组织系统,严格的规章制度,强有力的领导核心,正确的舆论和优良的作风与传统"[①]的班集体。

　　然而,单靠一群偶然集合在一起的学生,根本无法形成这样的班集体。因此,要创建出这样的班集体,发挥班集体对于全体学生的教育力量,班主任需要担负起建设班级、管理班级的重要职责。在形成和培育班集体的过程中,班主任首先需要从思想上认识到班级管理工作的必要性和重要性,然后通过各种有效措施实施行动。具体来说,班主任需要了解学生,掌握整个班级的状况和特点,然后根据班级整体的状况,和学生一同制定有关班级的规定、条例和制度,并通过民主程序推选出班委会成员,用以协助自己做好班级管理工作,最后还要通过创建优良的班级文化来融洽学生之间的关系,创建良好的班级氛围。总之,要发挥班集体的整体教育力量,要创建一个优良的班集体,需要班主任通过强有力的组织和协调加以保证。

　　然而,组织、制度本身也有束缚人的不良作用,组织、制度往往将学生作为有待塑造的"物件"加以塑造,有忽视学生个性特征的一面。所以,班主任需要认识到组织、制度的欠缺,认识到单纯依靠毫不留情的班级制度

　　[①] 王道俊,王汉澜.教育学[M].北京:人民教育出版社,1989:520.

难以达到教育学生、陶冶学生、感化学生的目的。另外，班主任还需要认识到，组织、制度这些硬性的东西所实施的管理过程，并不只是为了管理而管理，管理只是手段，育人才是班集体建设最为根本的目的。"教育和管理是不可分离的，教育必须辅之以管理，管理必须依靠教育来保证。"[①]作为班主任，要在管理的基础上，充分发挥教育本身的作用，力求通过动之以情、晓之以理的感化和陶冶的方式来达到育人的目的。

四、组织学习、开展活动的职责

班主任对于学生学习活动的关注、监督和指导自不必说，这个问题前面已经详述过，在此不再讨论。除学习活动外，学生的课外活动同样也是班主任需要着力加以关注的领域。这是因为，对于学校生活来说，除教学工作是教育工作的中心任务外，课外活动也是教育工作不可缺少的有机组成部分。对于正规教学与课外活动两者之间的关系，杜威有着自己独到的见解。他敏锐而又不无忧虑地指出："参与实际的事务，不管是直接地或者间接地在游戏中参与，至少是亲切的、有生气的。在某种程度上，这些优点可以补偿所得机会的狭隘性。与此相反，正规的教学容易变得冷漠和死板——用通常的贬义词来说，变得抽象和书生气。"[②]这就是说，虽然课堂教学有自己独特的优点，能够在短时间内向学生传授大量的系统性知识，但是由于其内容抽象、形式单调，缺乏生气，因而容易使教学活动脱离生活实际，增加学生学习的压力，导致学生厌学状况的发生。可以说，杜威的这一观点是对课堂教学和课外活动两者关系的富有代表性的阐述。实际上这种教育思想早在我国古代就有十分明确的记载。我国古代的论著《学记》就曾指出："时教必有正业，退息必有居学。"这说明在我国古代的学校教育中，就已经有课堂教学和课外活动的不同安排。

同课堂教学相比，课外活动有自己独到的教育作用。首先，课外活动的开展，有利于丰富学生的精神文化生活，能够有效缓解或消除由紧张的学习生活带来的压力和烦恼，增加学校生活的乐趣，并且能够为接下来投入到更加紧张的学习活动提供充足的精力。其次，开展课外活动，能够开

---

① 柏凤岐.新时期班主任工作实践与研究[M].兰州:甘肃教育出版社,2008:14.
② 杜威.民主主义与教育[M].王承绪,译.北京:人民教育出版社,2001:13.

阔学生的眼界,丰富学生的知识面。课外活动不仅能够满足学生的精神需要,还能引发他们探索自然、探索社会的兴趣,激发他们的求知欲望。这些对于学生的课堂学习无不具有促进作用。再者,在课外活动中,师生、生生之间能够进行充分的交流和分享活动,这不仅能够融洽师生、生生关系,培养学生的合作意识和能力,而且还能进一步增强班集体的凝聚力,促进良好班风的形成。

考虑到课外活动的重要作用,作为班级组织者和引导者的班主任,有必要认识课外活动的重要意义,积极带领学生开展丰富多样、寓教于乐的课外活动,充分发挥课外活动对于学生的教育引导功能。班主任要精心设计课外活动,在活动之前充分准备、周密布置,在活动过程中要做及时的指导工作,在活动结束后,不忘对整个活动做必要的总结,肯定活动成果,提出改进的策略,以利于以后活动的更好开展。

五、依靠自身、整合外力的职责

班级的组建、班级制度的设立、班级活动的开展、班级文化的创建,这些工作都需要班主任加以领导、组织和引导,才有可能顺利实施。班主任是班级工作的直接领导者,同时也是班级工作好坏优劣的第一责任人。因此,在班级管理和教育的过程中,班主任需要积极主动地开展各项工作,充分发挥自身创造性和教育智慧,以期带领整个班级向着班风优良、学风浓郁、师生和谐的方向迈进。

不过,在努力做好上述组织和管理工作的同时,班主任要时刻清醒地认识到,教育学生的工作并非仅凭自己的力量就能顺利实现。这是因为,虽然班主任和学生同处于班级、学校这一教育时空当中,但是由于学生生活的时空并不仅仅限于班级、学校之中,除了学校时空之外,学生还生活在家庭时空当中以及更为广阔的社会时空当中。家庭生活环境、家长的教养方式特别是家庭生活的变故,都会对学生的思想、态度和行动产生直接的影响。另外,学生生活的整体社会环境,例如社会习俗与传统、社会风尚、社会思潮、整体社会的道德观和价值观都会对生活于其中的学生产生种种有利或者有害的影响。因此,班主任要想做好班级学生的教育工作,必须综合考虑到上述因素,善于利用外部环境中的各种有利因素,努力排除不利因素,积极团结和调动一切可以利用的教育力量,从而形成一股整体的教育合力,更好地管理、引导和教育好学生。具体来说,在"整合外力"的过程中,班主任要履行下述三种职责:首先,积极与任课教师联系,了解学生在其课堂上的表现,为全面了解学生在学校生活中的思想和行动提供必要的信息;其次,班主任要与家长保持及时、有效的联络和沟通,与家长形成教育合力,共同教育好学生;最后,班主任要协调社会各方面力量,积极利用社区教育网络和校外教育阵地来教育学生,从而达到学校教育与社会教育的融合。

第二节　中学班主任工作的内容

班主任职责是对班主任工作性质、工作范围的规定和要求,这些职责需要通过实际的行动来实现。这就要求班主任熟悉自己的工作程序、工作步骤和工作策略。中学班主任工作的内容包括以下内容:

一、了解学生

要想教育好学生,首先必须了解学生。了解学生、研究学生,是做好班主任工作的前提和保障。只有客观了解学生,深入研究学生,才能够根据每个学生身心发展的实际做到因材施教,保证教育过程的科学性和实效性。另外,只有了解每一学生的实际情况,才能掌握整个班级的班风和班貌,这样有利于班主任根据班级整体情况,制定切实可行的班级工作计划,有效解决班内各种问题。

了解学生,应该包含两个方面的内容:一是了解整个班级中学生的总体情况,二是了解单个学生的个体情况。

就前者来说,了解班级学生的总体情况主要包括:班级学生的总数、比例和来源。学生的思想状况,即担任过班干部、团干部的学生人数及所占比例,受过三好学生或单项奖励的人数及比例,曾经受过处分的人数及比例等。学生身心健康状况,即患有身体残疾或者心理障碍的学生数及其比例。学生的学业情况,即学生的学业成绩以及优等生、中等生和后进生的人数及比例。

就后者来说,了解学生个体的状况一般包括:了解学生的思想品德状况、学习情况、身体健康状况、个性心理特征四个方面。

了解学生的途径有很多,一般而言,可以采用下列途径:

(1)从入学的档案材料和学生进校后的表现分析了解学生。课堂表现、周记内容、平时生活中的表现和情绪反映等,都是班主任观察学生、了解学生的内容。通过细心观察掌握每一位学生的基本情况和个性。

(2)在学生中了解学生。要经常找学生谈心,从学生的口中了解学生的情况。

(3)访问任课老师。任课老师与学生的接触很多,学生的学习状况、学习方法、学习态度、学习的积极性等,任课教师都会有所了解。所以班主任应该经常从任课老师处了解学生情况。

(4)进行必要的家庭访问。家庭是学生长期生活、最为熟悉也最为放松的地方,只有从家庭去了解学生,才能掌握到学生最真实的生活状态。另外,父母对自己孩子的特点、性格、个性、爱好最为了解,通过与家长交流,能够得到学生大量真实的信息。

二、建设班集体

班集体是学校的基层单位,是学校开展教育教学的基本单位。不仅学生在学校的学习、生活基本上是在班级中度过的,而且学生的品德提升、个性发展都需要通过班集体来进行。因此,班集体是重要的教育力量,是班主任实施教育的重要凭借。班主任需要花大力气来培育和组建优良的班集体。班集体建设的主要内容包括:

1.制订班级工作目标和计划

班级工作目标和计划的制订是创建班集体的起始环节。只有根据班级发展的实际情况和存在的问题,科学制定出班集体建设的具体目标和计划,才能使班级建设有条不紊、按部就班地开展。而这对于提高班级工作效率、充分发挥班集体的育人功能具有重要的意义。

班级工作计划主要有两类:一类是从时间角度来分的,可以分为周计划、月计划、学期计划、学年计划;一类是从内容角度来分的,可以分为综合性的班级计划和单项计划(例如德育、体育、文艺等方面的工作计划)。

2.建立和完善班级制度

制度是组织的标志和保证。只有建立系统、完善的班级制度,才能有效约束学生的不合理行为,避免学生行为的随意性和盲目性,使学生的行为有章可循,从而达到制度育人的效果。

班级制度通常由三部分组成:一是由教育行政部门统一制定的有关班级和学生管理的制度,如学生守则、学生日常行为规范等;二是由学校根据教育目标、上级教育行政部门指示制定的学校常规制度,如课堂常规制度、学业奖惩制度、学校考勤制度等;三是由班集体根据学校要求自身制定的班级制度,如班规、班级奖惩制度、值日制度等。

建立和完善班级管理制度,要采用民主讨论的形式,充分调动学生的自主意识、参与意识,让学生在班主任的带领下,通过师生之间的交流商讨,共同制定出合理的管理制度。通过这种方式,不仅能够使制定的班级制度满足学生对自己的要求,增强他们对制度的认同感,而且能够培育学生民主参与的意识和能力。

3.设立和健全班级组织

班级组织是班级的指挥中枢,是班主任开展各项活动的得力助手。没有班级组织强有力的协助和配合,班主任难以拥有充分的时间和精力来保证班级管理目标的有效达成。另外,设立和健全一套系统的班级组织,能够调动学生自我管理的意识和能力,从而达到自我管理、自我约束、自我完善的生动局面。班级组织一般包括班主任、班委会、共青团和班内各种小组。

在设立和健全班级组织的过程中,班主任要摒弃传统的包办代替的做法,积极借鉴先进的管理理念,确保过程的公平和透明。班主任要采用民主集中制的原则,建立公开、透明、竞争性的班干部选拔体制,力求使选出来的班干部能符合班级全体学生的意愿,从而使学生能够信任、拥护班干部的领导,服从班干部的指挥和安排。

另外,在班干部队伍稳定之后,班主任还要注重对班干部的培训工作。在培训过程中,班主任要教育他们以身作则,做好表率和带动作用;明确各自的任务和职责,提供他们开展工作的经验、策略和方法。另外,班主任还要注重对班干部的考察工作,采取多种途径了解班干部的工作业绩和表现,及时进行鼓励和指导。

4.营造班级文化

班级文化是指弥散于班级内部的、相对稳定的、具有自己独特风格的思想、观念和行动的总和。班级文化是集体的灵魂和统率,是一种无形的教育力量。班级文化主要包括班级物质文化、制度文化和精神文化。当中,物质文化是基础,制度文化是保障,精神文化是核心。

首先,班主任要关注班级物质文化建设。

尽管物质文化没有直接的教育功能,但是因为当中潜藏着间接教育的效果,所以是十分重要的教育资源。整洁、高雅、优美、舒适的教室环境,能够陶冶学生的情操,激发学生的学习热情,增添学生学习的乐趣。班主任要设法通过对班级物质环境(诸如班级标语、名人名言、宣传栏、学习园地等)的布置和美化,使学生生活在一个优美舒适、赋予教育意义的班级环境中。

其次,班主任要关注班级制度文化建设。

制度文化是班级在制度制定与实施过程中所体现出的文化。制度文化是班级文化的有机组成部分,是班级文化的保障体系,是维持班级学习、生活、活动的制度保证。

在制度文化建设中,要注意两个问题。首先,要注意发扬民主。无论是制度的制定还是落实,无论是奖励还是批评,都要最大限度地征求学生意见,发挥学生的主人翁意识,从而把强制性的规章制度内化为学生的自觉要求和行动。其次,要坚持以人为本。从本质上看,制度是一种强制性的规定,它有束缚人、控制人的意味,因此班主任要处理好制度的原则性和灵活性、制度的约束作用和教育的引领作用之间的关系,做到管理和教育相结合。

最后,班主任要关注班级精神文化建设。

精神文化是无形的、内隐的、深层次的文化。它是班级文化的核心和集中体现,具有引导方向、激励士气、活跃人际关系的重要作用。它主要表现在班级舆论、班级风气上。班主任在班级工作中要抓好班级舆论建设,积极利用班级的黑板报、表彰栏、评比表等舆论阵地,向学生宣传和倡导"班兴我荣,班衰我耻"的集体舆论,弘扬正气、抵制歪风,增强学生对班级的归属感和认同感。同时还要积极开展丰富多样的班级活动,使学生在活动中学会竞争、相互激励、相互帮助,从而形成一个你追我赶、积极向上、朝气蓬勃的班级风貌。

三、开展班集体活动

班集体活动是一种重要的教育手段。它不仅能够培养学生的道德品质,锤炼学生的意志,还能够开发学生的智力,提高学生关注现实、解决实际问题的能力。

班集体活动按照内容来分,主要包括:德育活动,例如常规班会或主题班会等;智力活动,例如班级征文比赛、读书汇报会之类;科技活动,如航模小组、计算机兴趣小组等;劳动活动,如社区服务,公益劳动,学雷锋小组,公务维修小组;文艺活动,例如,篝火晚会、生日晚会、中秋晚会以及歌舞、书法、曲艺、美术、摄影兴趣小组等;体育活动,如拔河比赛、棋类比赛,各种球类比赛活动。

对于班集体活动,班主任要精心设计、周密计划,在活动之前要充分做好发动和准备工作,对活动场地、器材、设备、安全措施等要准备到位,对相关学生的责任要具体落实;在活动过程中,要发挥班干部的带头作用,调动全体学生参与活动的积极性,使整个活动过程严谨有序;在活动结束后,要带领学生认真回顾,及时肯定学生成绩,指出不足之处,明确今后的改进方向,另外还要发动学生谈活动之后的体会和感受,使活动不仅能成为学生娱乐放松的形式,还能成为学生自我教育的途径之一。

四、指导学生全面发展

学生的全面发展是教育工作的根本目的。班主任在组织、指挥和引导班级的各项工作中,要时刻把握教育的根本目的,采取切实可行的教育措施,保证学生在德、智、体方面获得全面发展。为此,班主任要做好以下工作:

首先,身体发展是学生全面发展的重要组成部分。不管是学习还是生活,健康的身体素质是不可或缺的重要基础。对中学生来说,拥有健康的身体不仅能够有效抵御疾病的侵袭,而且还能促进自身学习活动的有效进行。这是因为,健康的体魄能保证学生在学习时拥有充沛的精力,提高大脑的工作效率,使注意集中、观察敏锐、思维灵活。

　　因此,班主任要认识到身体素质对于学生生活和学习的促进作用,要采取有实质性的教育措施来提高学生的身体素质。要在体育和保健两个方面做文章。首先,班主任要做好进行体育锻炼的目的、意义及相关知识的教育与引导工作。其次,要带领学生进行经常性的、循序渐进的体育锻炼活动,例如晨练、早操或课间操等。另外,班主任还要引导学生积极参加课外锻炼活动,组织班集体成立体育锻炼小组,开展体育锻炼活动和班级体育运动竞赛。再次,班主任要向学生宣传卫生知识,对学生进行卫生方面的教育。例如,通过主题班会的形式,把生理卫生的知识同增强自己身心健康的内容结合起来,向学生讲明如何科学地锻炼身体,如何讲究个人卫生,如何预防疾病,还可以通过实例的形式进行卫生知识和保健知识的宣传教育活动。

　　其次,思想品德的发展同样也是个人全面发展的重要组成部分。拥有正确的政治观点、科学的世界观和人生观、良好的个人品德不仅关系到个人未来的人生发展,而且更关系到合格的社会主义接班人的培养。因此,班主任要依照思想品德教育的要求,做好学生思想品德的教育工作。

　　具体来说,班主任要采取有效教育措施对学生进行爱国主义教育,理想教育,劳动教育,民主、法制与纪律教育,社会公德教育以及正确世界观与人生观的教育。班主任可以采用说服教育、榜样示范、实际锻炼、陶冶教育和思想品德教育方法来对学生进行思想品德教育。

　　再次,班主任要做好学生的学习工作。学习是学生的天职,学习不仅影响学生当前的学业成果,更影响到学生未来的发展和成功。学生的学业成绩和水平不仅是检测学生学习效果的重要标志,同时也是衡量班主任工作、学校教育效果的重要衡量标准。因此,班主任必须花大力气做好学生的学习工作。

　　在做学生的学习工作中,班主任首先要做好学习方法的宣传和指导工作,使学生认识到科学的学习方法对于学习成功的重要影响,使学生能够学会采用适合自己的学习方法。其次,班主任要加强对学生自学能力的培养工作。学习,不止是教师的事,更是学生个人的事。班主任要强调自我学习的重要意义,充分调动学生学习的自主性和主动性,使学生能够在各个任课教师的带领下主动、奋发地去学习。再次,班主任要时刻关注每一位学生的学业成绩、学习态度,及时掌握学生学习的动态,及时发现那些在学习上出现突发问题的学生,并采取有效措施帮助学生化解危机,使其走上学习的正轨。另外,还要特别注重后进学生的转化工作。积极鼓励后进生,帮助他们寻找学业失败的原因,对其进行学习方法和学习习惯的引导,以期能够使他们获得学业进步,重获学习的信心。

五、协调教育力量

教育是一项复杂的系统工程。学生的发展,并不单单受学校教育的影响,家庭、社会等外部环境同样无时无刻不在影响着学生的学习、品德和心理。有鉴于此,班主任需要综合考察各种教育影响源,善于把多种教育影响因素中的积极因素有机整合起来,形成教育合力,共同致力于学生全面发展任务的达成。这些都要求班主任做到:

首先,要主动协调科任教师,形成教师合力。

在形成校内教师合力方面,班主任应该主动向科任教师介绍本班学生情况,使科任教师及时全面地了解学生,从而有的放矢地展开课堂教学的任务。就学生教育和学生学习方面存在的问题,要积极征询科任教师的看法和意见,以便共同寻求最佳的解决办法。班主任要发挥科任教师和学生之间的桥梁和纽带作用,及时向科任教师反映学生的意见和要求。班主任的反馈和沟通,有利于科任教师满足学生的要求和意愿,及时调整自己的教学计划和方案,从而达到更好地教育效果。最后,班主任要主动邀请科任教师参加班级的有关活动,并积极争取科任教师对活动进行指导。在师生活动中,不仅班主任和科任教师之间会增进彼此了解,促进友谊,而且还可以使科任教师和学生之间增加了解,彼此熟悉对方,另外,在此过程中,还可以充分发挥科任教师的影响力,使科任教师的教育影响能够得到最大发挥和体现。

其次,班主任要与家长沟通联系,形成家校教育的合力。

班主任可以通过家访、书面联系、家长会的形式来与家长就学生学习、思想、品德问题进行交流和沟通,并针对学生身上出现的问题,和家长一道寻求解决的办法。不管采取何种形式的沟通交流形式,其基本的模式是:一是要介绍学校的概况和孩子的状况,即有关的规章制度,班级的具体情况,本班学生身心发展的基本情况,孩子在最近一点时间内的学习、品德、身体状况,学生的进步或不足等。二是要向家长了解孩子在家庭中的表现,孩子的性格、个性、兴趣、特长等,家庭的背景及成员状况,并向家长征询对学校、对班级工作的建议和要求。三是要在相互交流沟通的基础上,就学生在学习、品德、个性方面的问题进行切磋、谋划,明确各自的责任和任务,协力做好学生的进步和提高工作。

班主任在与家长的交流联系中,要注意做到尊重家长,与家长平等协商,并做好交流前的准备工作和交流后的总结工作。

第三节　中学班主任工作的特点

中学班主任肩负着把全班学生教育好培养好的重任,不但应具有扎实的专业知识,较强的教学能力,而且应懂得教育规律、原则和方法,了解学生身心发展的规律和特点,才能卓有成效地教育学生。班主任面对的是几十个正在成长中的、活生生的、有个性和主观能动性的青少年儿童。他们处在长知识、长身体时期,也是世界观形成的时期,他们的发展、成长需要老师的教育指导。因此,中学班主任工作与其他的教育工作有所不同,有其固有特点。

一、示范性

班主任对学生的教育方式一是言传,二是身教,中学阶段身教更是重于言传,用自己的行为为学生树立榜样,做出示范。即不仅要告诉学生为什么要这样做,应该怎么做,而且要身体力行,示范给学生看。

班主任是学生最亲近最信赖的人,他的人生态度、思想品德、工作作风、生活习惯、待人接物、穿着打扮,乃至一言一行、一颦一笑,都会以

"随风潜入夜,润物细无声"的方式,对学生的成长起着潜移默化的作用。因而我们必须重视老师的示范作用,时时事事处处检点自己的言行,给学生树立榜样。对此,夸美纽斯曾明确指出,教师的急务是用自己的榜样来诱导学生。乌申斯基认为,这种榜样(指教师)对儿童心灵而言是一股非常有益的阳光,而这种阳光是没有任何东西可以代替的。没有教师给学生的个人的直接影响,深入到学生性格中的真正的教育是不可能的。

为此,我们必须十分重视班主任自身的修养,做到"正人先正己",因为"其身正,不令而行;其身不正,虽令不从",所以必须以自己高尚的道德情操去陶冶和影响学生。

古书《钟伯敬秘笈15种》里的这样一个故事:一学究时时戒子弟勿昼寝。一日,弟子见学究方睡,请曰:"先生戒人而自蹈之何也?"曰:"吾梦周公耳。"子弟次日故睡,先生蹴之起,曰:"吾亦梦周公。"先生曰:"且道周公有何言?"曰:"亦无他语,只道昨日不曾会得先生。"故事中的学究就是教育者,其言谈举止本应做学生表率,但由于言行不一,致使学生效仿老师言行,闹出了这个笑话。笑话虽短,却有力地说明了教育工作者言行一致的重要性,要时时处处做学生行为的典范。我们知道任何类型的劳动都离不开劳动资料、劳动手段,但班主任采用的劳动手段主要不是班主任的"身外之物",而是班主任个体内化了的知识结构、世界观和个性心理品质。也就是说,班主任是把本身的思想道德素质、良好的心理品质和职业精神,作为资源去影响、感化、教育他的学生,从而使受教育者身心发生变化。这恰是班主任劳动的典范性,即以身示教。苏联教育家乌申斯基说:"教师个人的范例,对于青年人的心灵,是任何东西都不可能代替的最有用的阳光。"

为人师表是班主任处理职业劳动与自身人格修养之间关系的准则,是教育事业对教师特别是班主任人格提出的特殊要求。班主任的劳动是一种以人格来培育人格、以灵魂来塑造灵魂的劳动,教育过程自始至终都是人与人之间相互影响、相互作用的过程。为了使学生的人格得到健康发展,班主任就必须首先致力于修炼自己高尚的人格。要照亮别人,首先自己身上要有光明;要点燃别人,首先自己心中要有火种。

二、开放性

所谓开放性就是把班级工作放在社会大系统中去认识,与社会紧密联系。从社会大背景下看待对学生的要求,二十一世纪是人才竞争的时代,中共中央、国务院《关于深化教育改革全面推进素质教育的决定》指出,使受教育者坚持学习科学文化与加强思想修养的统一,坚持学习书本知识与投身社会实践的统一,坚持实现自身价值与服务祖国人民的统一,坚持树立远大理想与进行艰苦奋斗的统一。要培养和教育学生做到"四个统一",这就要求班主任主动进取,自觉更新工作方式,要有"敢探未发现的新理,敢入未开化的边疆"的勇气,从社会的变动发展中把握学生思想起伏变化的轨迹,审时度势加以引导。

从开放性特点看,班主任工作是对学生精神领域的一种探索。班主任要通过敏锐的眼光、积极的思想,针对时代的新特点,寻求科学的教育方法,打开每个学生的心扉,提高学生的思想道德水平,消除思想认识误区。

三、综合性

综合性,就教育目标而言,不仅是着眼于学生某一方面的发展,而且要关注学生德、智、体、美等的全面发展。这意味着班主任工作要以素质教育为主线,面向全体学生,面向学生的全体,面向可持续发展,进而实现"由单一功能向全面发展功能转变,由单层面功能向多层面功能转变,由限制性功能向发展功能转变",采用多种教育方法,形成教育系统网络,促使学生整体发展。

由于受单一考试选拔人才和社会、家长对人才认识不足的影响,很多人认为好学生就是学习好、考试成绩高的学生,考试成绩较差的学生就是差学生,其结果是有些学生怕影响成绩而不愿担任班干部,有些学生怕脏怕累而不愿参加劳动锻炼、体育锻炼,对文艺活动不感兴趣。殊不知,学生在校不仅要学好科学文化知识,更主要的是学会如何做人、如何参与社会竞争。班主任要根据综合性特点的要求,经常性地教育学生认识综合全面发展的重要性,认真组织学生参加学校各部门组织的活动,并及时总结,表扬先进,督促后进,让学生体验各项活动给人的美的熏陶和享受,从而产生对美的事物的向往和追求,疏导、排解不良情绪,让美充实他们的精神生活,让美帮助他们锻炼心理品质,提高品格修养,进而培养广泛的兴趣和爱好,提高各方面的能力,促使学生全面综合发展。

在教育部颁布的《关于进一步加强中小学班主任工作的意见》中指出,中小学班主任工作面临许多新问题新挑战。经济社会的深刻变化、教育改革的不断深化、中小学生成长的新情况新起点,对中小学班主任工作提出了更高的要求,也增加了班主任工作的艰巨性和复杂性。班主任工作的复杂性、艰巨性,表现在教育对象的多样性和变化性。多样性包括两方面的意思:一每个学生都有一个独立的精神世界,而且受各种条件的影响随时起着变化。二影响学生身心发展的渠道和信息有多种多样的特点。现代学校是一个开放的,与社会各方面有密切联系的,又是接受与传播社会、家庭、人际关系信息的载体和媒体,其影响就不可能是统一的,而且常常会出现与班主任影响相悖的情形。这就是说,教育效果是学校、家庭、社会共同影响的结果,在学生身上的变化并非都是班主任劳动所引起的,甚至眼下有这样的一个公式:5+2=0,很形象地说明:2天的家庭教育的影响远远大于5天的学校教学的影响。因此,班主任应时时处处顾及这些因素,不仅要在教育内容、方法途径上随时做出动态调节,还要善于利用那些课外、校外有益的影响,排斥、抵制和转化那些不利因素。这正是班主任工作具有复杂性与艰巨性之所在。

另外,班主任教育工作的效果不是个体劳动的结果,而是教师集体(也包括家庭、社会的影响)"集体塑像群"的结果。但是,一个班主任工作水平的高低、教育效果的大小,将影响集体施教的效果,而且,这种教育效果受学生身心发展特点和精神世界的内化规律影响,具有滞后性。正如《管子·权修》中所说:"一年之计,莫如树谷;十年之计,莫如树木;终身之计,莫如树人。"可见,成才不是短期内所能完成的,学生德、智、体、美等的全面发展是渐进的量的积累过程,而且往往不能立即外化为具体的可见的成果。这种滞后性,同样说明班主任劳动的复杂性、艰巨性和持久性。如果班主任缺乏爱岗敬业精神,缺乏团结协作精神,缺乏开拓创新精神,是很难完成教书育人这一艰巨任务的。

四、民主性

班主任与班级学生的关系是平等的,班主任不仅是班级的组织者和管理者,更应该是学生的知心朋友。首先,从社会对未来人才的要求来看,我们培养的人要有主体意识,要有创新精神和实践能力。这就要求班主任必须给予学生自主权,尊重他们,理解他们。其次,从班级工作实践来看,搞好一个班级绝不是单靠班主任的个人能力就能实现的。比如就学生的一日常规要求来看,学生的迟到早退情况、卫生的打扫与保持、自行车的上锁、自习的纪律、作业的完成与收发、安全教育等,非常复杂,如果都靠班主任一个人去查、去管,显然是不现实的,这就要求班主任充分调动全体学生的积极性,让学生自己做班集体的主人,自己管理自己,自己教育自己,只有这样,才能培养学生的创新意识、自律精神和社会责任感。如在健全班委机构、卫生组、学习组、安全组的前提下,把班级管理目标细化后张贴于显著位置,让每一位同学对照执行,把"自主、自立、自强、自信"作为班训,每天让学生在黑板下角书写以名言警句为主的"今日一句话",这些都是对学生自律能力的不断培养和提高。再次,班主任既是教育者又是受教育者,在教育学生的过程中也要接受教育。尤其在当今社会转型时期,人的思想观念要适应社会发展变化,学生比年长一代更容易接受新事物、新思想。古人云:"吾日三省吾身。"班主任应该经常就班级管理问题听听学生的意见和建议,以学生为镜,"揽镜自照",既看到自己的"亮点",也要看出"瑕疵"。从这些意义上来讲,班主任都应尊重学生,与学生平等。

联合国大会通过的《儿童权利公约》确认,考虑到充分培养儿童在社会上独立生活,并在《联合国宪章》宣布的思想的精神中,特别是和平、尊严、宽容、自由、平等和团结的精神下,抚养他们成长。这是对儿童生存和发展质量问题的明确要求,关于儿童的一切行动,均应以儿童的最大利益为首要考虑因素。特别指出,儿童应有自由发表言论的权力(第13条第一款),缔约国应确保有主见能力的儿童有权对影响到其本人的一切事项自由发表自己的意见,对儿童的意见应按照其年龄和成熟程度给以适当看待(第23条第二款)。

传统教育是强调"听话教育"，要求儿童按照成人的意愿生活与学习，剥夺了儿童独立生活、自主选择发展的权力，剥夺了儿童思想、独立思考问题的权力。这与社会发展和科学技术突飞猛进要求人的创新品质格格不入。这种"听话教育"本质上是专制教育。班主任往往从自己的意愿出发，"我的话，你们学生必须听"，"我要你做的事，你们学生必须去做"，这种心理表面上是教师中心，其实质是自我中心、个人中心，是一种专制精神，而不是民主精神。专制精神表现为对人的不尊重，对于独特性、多样性的漠视，对独立人格的压制与打击，专制的班主任必然心胸狭隘、目光短浅。今天的班主任应该崇尚民主，尊重学生，尊重学生的话语权，珍视多元文化，努力做到使儿童"认识到自己的需要、权利和机会"（《儿童生存、保护和发展世界宣言》）。

班主任工作的民主性首先表现在教育机会均等。每个班级成员享有同等的权利，不管是学生干部还是普通学生都应该一视同仁，特别要改变学生干部在班级中不尊重同学、喜欢发号施令等坏作风。同时，每个班级成员应该获得同样受教育和参与活动的权力。不管学生学业成绩好坏、个性表现如何、品德表现怎样，都必须给予关爱。

班主任工作的民主性体现在师生关系上。班主任角色应该转换、拓宽，从居高临下的讲台上走下来，走到学生中间。新时代的师生关系中，教师与学生在人格上是平等的，在交互活动中是民主的，在相处氛围上是和谐的。传统教育的显著特征之一便是教师为中心。班主任在班级管理中拥有绝对权威性，学生对班主任必须绝对服从。时代呼唤一种新型的民主平等的师生关系，学生从被动接受的角色，转变为主体参与共同发展的角色，彻底打破了过去的"教师讲，学生听"的传统模式。

班主任工作的民主性是打开学生心灵的窗户，走进学生心灵。班主任工作要努力对各种霸权的消解——对理性霸权、知识霸权、话语霸权、行为霸权的消解。班主任工作不再是对学生个体经验的强暴性压抑，而要成为一种解放人的力量，促进学生走上独立性、主动性、创造性的道路。

班主任工作的民主性还表现在民主教育意识上，给学生更多的自由和信任，给学生以充分的民主，让学生真正拥有班干部的选举权和任免权，让学生自己制定《班规》，交给学生"立法权"，使它成为班级集体意志的体现,成为学生进行自我教育的依据,成为规范自己言行的准绳。为每个学生提供锻炼的机会,采用"班委会定期轮换制",体现班级成员的平等,使之成为学生张扬个性、发挥主体性的舞台;让学生拥有话语权,经常听取学生对班级工作的意见,不断交流思想,融洽相处;增进师生之间的理解、信任。

没有民主,便没有创造;没有民主的教育,便没有民主的下一代。唯有在这样的教育理念下,教育才能实现真正意义上的民主。班主任真正意义上掌握了民主性的教育,教育的作用才可能真正发挥出来,作为教育的主体——学生,其潜能才能得以激发。民主性是班主任教育管理的最高境界。班主任的万能定律是"呵护那每一点点光"。

五、专业性

班主任工作是一门专门的学问,具有具体的研究对象、理论体系和操作规程,而传统的班主任只凭经验就事论事。班主任工作仅凭着教师的权威和经验是不够的,面对新一代中学生只能是力不从心,权威不灵验了,靠经验也行不通。他们的思想认识不一,心理特征各异,假若撇开个体上的差异而统一要求、统一管理,是违反教育规律的;从班主任的工作性质看,我们所要培养的是有创新意识、高素质的新一代人才,无论是教育思想、教育观念,还是教育方式,都应紧跟时代的潮流、体现时代特征。只有班主任自己首先不断更新观念、更新知识,富有时代意识,才能培养出时代新人。班主任本身的教育思想、教育观念陈旧落后,教育方式不当,要培养出高素质人才是不可能的。从中学班主任的工作对象——中学生来看,他们的思想最活跃,求知欲最强烈,最容易接受新事物,他们渴望了解一切,特别是新的事物、新的知识。而班主任要满足学生的求知、求新要求,首先就得不断更新工作理念,尽可能多地了解新知识、新发展、新趋势。

班主任工作是一项极其复杂的培养人的社会实践活动,班主任工作要遵循科学的教育规律和班主任工作的规律,要遵循青少年年龄特点、身心发展的规律。初中的学生,由于生长发育很快,逐步步入性成熟期。这个时候,他们有一个很大的心理特点,就是以"大人"自居,自尊心很强。根据这种心理特点,班主任工作就应尊重、信任他们,要求班主任把他们当"大人"看待,此时如果挫伤了他们的自尊心,不但会引起他们强烈的反抗,而且在他们一生中都会留下难以弥补的阴影。在班主任工作中要把握好严格要求与尊重学生的度,体现班主任工作的科学性和艺术性。

班主任工作的科学性要求班主任必须具有科学精神,不武断,要透过现象看本质。有这么一个实例:一个学生迟到违纪,遭到班主任的严厉批评,被认为个人行为违纪,影响班级日常行为评比。其实,迟到的学生因上学路上看到一位老人摔伤了腿,他送老人去医院。恰好,同班另一个学生见到此事,却熟视无睹,只顾自己赶往学校而不违纪。你能说不违纪者就该表扬吗?你能单纯地认为违纪者一定是错的吗?能以简单的"对"与"错"作评判吗?对学生更要重视道德教育。

班主任工作是人的工作,十分复杂,往往同类事情,由不同的原因引发,蕴含不同的教育价值。这就要求班主任用科学的态度了解事件和事件背后蕴藏的教育意义,为教育奠定基础。教育理论是在人们对教育现象深入研究的基础上所揭示出来的客观规律。教育技巧是在教育理论指导下创造出来的教育艺术。掌握教育理论和教育艺术,以及实事求是的科学工作态度,才能做到科学育人,提高教育的实效。

班主任工作的科学性要求班主任不断提高自身的德育能力,不断学习德育的理论。如果班主任不能正确处理班级中发生的问题,或者经常出偏差,这种偏差的后果往往不是显性的和即时的,容易被掩盖过去,但对学生造成的伤害则有可能是难以挽回的。班主任工作必须慎之又慎,要有科学育人的思路,在实践中努力探求班主任工作的新方法、新路子,如果仅靠原有的经验和水平,是远远不能胜任的。随着时代的发展,社会、家庭的影响,面对各种各样的学生,班主任只有本着实事求是的科学态度,采用科学的方法,才能有效地完成相关的教育工作。理论只有内化为具体的行为实践,才能不断地反思、总结,班主任的教育水平才会有所提高。班主任要用科学的教育方式,按照"是什么—为什么—怎么做"的思路进行思考及设计解决方案。从观念到行为的转变需要一个长期的过程,甚至是一个痛苦的蜕变过程。但为了使教育效率高一些,班主任应该积极树立科学的意识,全面地思考分析,不断地反思总结。

六、创造性

　　育人是一项十分艰巨而复杂的系统工程,塑造人的灵魂是最富有创造性的工作。它不仅需要班主任有一颗爱心,有满腔的热情,还需要班主任富有创新精神,进行创造性的劳动。班主任的工作对象是人,是朝气蓬勃、天真活泼、思想活跃、情绪变化快、性格不稳定的青少年,他们的思想形形色色,他们的心绪千姿百态,做他们的工作,并要收到良好的教育效果,必须发挥创造性,根据他们的特点,因材施教。同时在教育过程中,还会碰到许多意想不到的问题,遇上一些偶发事件,如何去解决处理,既没有一成不变的程式,也没有现成的模式可仿效,即使别人有成功的经验,也因时间、环境、对象和教师自身的不同而不同,所以不能生搬硬套,这就有待于班主任付出创造性的劳动。一个优秀的班主任,从不简单模仿别人现成的模式。在工作中从思维方式到工作方法,从活动内容到活动形式,总能给人独特、新颖的感觉,不墨守成规,不人云亦云,敢于标新立异,会随机应变处理班级问题,时时处处显现出创造性的火花。

　　班主任工作的创造性是由现代生产技术飞速发展、新技术革命的挑战和素质教育的要求决定的。教育要面向现代化、面向世界、面向未来,为现代社会服务,班主任就必须有预见事物的眼光和解决问题、创造性教育的能力。

　　班主任工作的创造性是由教育的培养目标决定的。国家要求我们的教育要培养"具有独立思考能力、创新能力和实践能力的人",班主任要面对这些千差万别的精神世界去探索、去研究,把握其兴趣、爱好、心理特征、理想追求及其思想、知识技能的"最近发展区",以便因材施教,创造适合其个性特点的教育方式。如果班主任工作墨守成规,不重视学生的个性,就不能培养出具有创造性素质的人才来。

　　班主任工作的创造性是由教育改革的大潮决定的并在教育改革中体现出来的。教育改革,特别是当前的新课程改革,是创造性的劳动。班主任应以教育改革的设计者和实践者的角色投入改革,要根据时代发展的教育理念,完成班主任工作任务,创造性地把校内与校外、理论与实践有机地结合起来,建立起学校、家庭、社会共同育人的平台。

七、能动性

班主任工作的能动性体现在遵循教育规律和学生身心发展的规律以及不同个性特征上,优化各种教育艺术和手段,将自己的教育目的转化为教育对象的目标,形成以学生为主体的、有方向性的目的活动。只有班主任外化的精神财富与学生内化为主体的精神世界发生规律性的联系时,才能达到教育目的。

班主任工作的能动性还表现在班主任与学生双主体的辨证关系中,即学生的主动性、积极性和特有的精神世界也作用于班主任和班主任的工作。另外,班主任的工作对象既不是自然物质材料也不是一般的生物体,而是具有自然生物规律和心理发展规律、具有丰富的精神世界和独立个性、具有能动性和巨大潜能却又缺乏知识和生活经验的正在成长中的活生生的人。

在班主任工作中,其能动性必须与学生的能动性相结合、相统一,并贯穿于整个教育过程的始终,才能具有实效性。下面让我们一起来分享一个教育实例:某班上午第三节课是体育课,体育老师出差,说好让乙代课。第二节课乙作为兼职教研员下班听课,下课后又与执教老师交流,刚交流完上课铃声就响起了,这才突然想起第三节要代体育课,急匆匆跑进教室,谁知教室里一个人影也没有。又拼命跑下楼,见学生们正在礼堂、操场上玩得欢,场面杂乱而热闹。原来他们擅自组织自由活动了!当时学校正抓安全问题,体育课是最容易出事的,看着眼前这情景,乙心里急坏了,冒出来的第一个想法就是:我今天代一节体育课要是出了问题怎么办?这些孩子怎么没有和老师见上一面就自由活动了呢?真是无组织、无纪律,胆子还真不小啊!非得好好教训他们一顿不可!于是乙大声喊叫,让他们立即停止活动,统统回教室,然后从安全教育到课堂纪律滔滔不绝讲了一节课。孩子们好不容易盼来的体育课,就在乙那充满火药味的训斥声和空洞的说教声中度过了。当时乙自己都能感觉到,自己的表现有点"歇斯底里"。下课后,乙觉得自己特别累。

　　实例中乙的经历我们也经常能碰到。当时是否考虑过学生的感受，是否应该换一个角度考虑：学生其实很有灵活性和自主性，只是我们老师没有把双方的能动性发挥到最佳状态，致使双方都感到不快。

第二章　走进学生心灵的艺术

第一节　认识学生

一、爱心,是通往学生心灵的桥梁

一个偶然的机会,我在一家网吧遇到一位正在上网的某校学生。眼看上课的时间快到了,他还痴迷地端坐在电脑前,迟迟没有去上学的意思。我走上前去,尽可能稳定情绪地说:"你怎么还不去上学?"他看了看我,瓮声瓮气地说:"一点钟就上课了,我不去。""你怎么能不去呢?"我心里直替他发急。"你现在去老师不会批评你的。"他一听,僵着脖子冲着我嚷道:"现在去更糟,迟到了班级被扣分,班主任还要罚我十块钱。"我愣了一下,随即又哄着他说:"你是个乖孩子,老师会原谅你这一次的。"谁知,这下他更火了,嘴里嘟嘟喃喃地:"老师很讨厌我,因为有一次班上丢失了东西,老师说是我偷的,我明明没有偷,但无论我怎么说,老师都不听,老师很看不起我……"话未说完,他就大声抽泣起来,泪水从他的眼眶中涌了出来……望着他啜泣不止的样子,我不知该说什么,只是感到心如铅块般沉重。

一颗纯真的心被伤害了,这是一道心灵上的创伤,是一抹永远挥之不去的心理阴影,它给这个孩子的成长带来的心理压力,我们无法想象,也许远远甚于一两次考试的失败或挫折所带来的打击。我能说什么呢?除了对孩子的不幸遭遇感到惋惜,对学生班主任的简单粗暴做法感到愤慨之外,我真切地感受到,作为一名班主任,拥有一颗对学生至诚至真的爱心是多么重要。

班主任面对的是一个个鲜活的正在成长中的个体,任何一次过火的指责、无意的歧视,都会给学生的成长带来心理阴影。尤其是对个别学习成绩差、行为表现散漫的后进生,班主任更应关心和爱护他们,对他们不嫌弃、不歧视、不疏远。在处理班级事情时,面对后进生,应谨慎对待,不能简单粗野地呵斥和指责,也不能过早地下定论,应以诚相见,循循善诱,和他们交朋友,促膝谈心,消除他们心中的隔阂,让学生对老师敞开心扉,心悦诚服地接受老师的批评和教育,自觉地去转变自己。老师如果能多一点爱心,少一点苛责,多一点理解,少一点粗暴,那么案例中的这个学生所受到的待遇将是完全两样,他肯定不会在网吧自暴自弃了。我们千万不要认为学生幼稚无知,就随意地践踏学生的人格和自尊。

正好开学初我班家长告诉我,他的孩子张某玩心很重,很是迷恋游戏,想让我帮忙教育,我就想到了上面的学生的案例,千万不能简单粗暴地解决此事。于是我找来了大量的优秀班主任教育的实例,询问许多有经验的班主任工作者,最后我制定了一套切实可行的方案:

(1)个别谈心。经常与张某进行轻松谈心。从关心张某的生活入手,真诚赞美他的优点和长处,我也主动谈自己的经历,以朋友的身份答应他谈话内容绝对保密,让他放心。这样张某逐渐敞开心扉,主动讲出自己的烦恼,家长及老师同学不理解他,他觉得自己家和别人家不一样,他不喜欢回家。教师在了解他的内心世界和心理状况后,和他一起认真分析,并找出问题的根源,定出计划,重新认识自己,树立自信,改变自己,把精力投入学习上,并发挥其写字画画的特长,让他担任班级宣传委员,负责班上的板报工作。

(2)争取家长积极配合。在与家长交谈时,我首先肯定张某的特长、优点,使交谈从愉悦开始,在谈及张某的一些行为时,启发诱导家长,要尊重孩子,理解孩子,要以知心朋友的姿态与孩子沟通,只有这样,才能赢得孩子的信任,更好地了解孩子的内心世界。同时,在尊重、理解孩子的基础上,关注孩子的学习生活,使孩子感到家的温暖。家长也表示在尊重孩子自尊心的基础上与教师配合,帮助孩子早日走出误区。

(3)利用班会进行心理辅导。举行主题班会,进行正确的人生观、价值观、学习观教育,树立远大理想,找好自己人生的坐标。启发引导张某正确认识自己的行为,教育学生要懂得自尊、自强、自爱、自立,同时,还教学生如何与父母交往,建立家庭责任感。

(4)写日记。鼓励张某坚持写日记,锻炼自己的意志,最主要的是可以自省、自纠,不断完善自我,使自己不断成熟。

(5)读好书。推荐他读一些积极向上的好书,如《钢铁是怎样炼成的》等,并写读后感,让他在一种健康良好的文化氛围中,提升认识,升华思想,走向成熟。

(6)用爱感化。给张某及同月份的同学过集体生日,安排丰富的娱乐活动,让张某当寿星角色,充分体会集体的爱。平时,让一位上进自律性强的班干在学习、生活上帮助他。

(7)挖掘他个人潜能,给他各种表现机会。鼓励他参加学校的各种活动,这些都大大激发了他热爱集体、珍惜自己荣誉的情感。

(8)在讲课中我有意渗透思想教育,如我在上《再别康桥》一课中,就诗人那种热爱母校的情结,激发学生热爱学校的激情,以此来把学生的精力引到正道上来。

一段时间之后,在通过尊重、理解、关爱、引导等方法进行辅导,以及家长的积极配合下,张某的思想意识有了很大改变,也认识到打游戏的危害,能端正自我,回到了班集体之中,各方面有了很大进步,学业取得了很大收获,家长也感到由衷的欣慰。

爱心,是通往学生心灵的桥梁,是打开学生心扉的钥匙,是照亮学生未来的灯烛。让我们共同创造无私真挚的爱的氛围,让祖国的新一代在温馨、幸福的爱的暖流中茁壮成长。

(合肥六中　朱琳)

二、用心用行架起一座师生心灵相通的桥梁

不知不觉我从教已经二十多个年头了,在这些年中我担任多年班主任工作。许许多多烦琐的小事,都需要班主任用心去分析、去处理,否则会给班级建设和孩子们的成长带来极坏的影响。班级管理是一项系统工程,班主任工作是一项繁重的任务。要搞好班级建设,不仅要有完善的班级规章制度,还需要我们每一个班主任有极强的责任心、耐心、爱心,用真心去打动学生、感化学生,更需要我们讲究方式、方法,开拓创新,创造性

地开展工作,不断探索育人的艺术。现把本人在实际工作中收集到的鲜活案例与大家分享。

我曾接手的某班学生L是既聪明又有个性又有头脑的学生,思想比较复杂,头脑比较灵活。但是由于家庭原因,父母长年在外地工作,L一直由外婆外公带着,代沟比较大,特别是后期他爸爸、妈妈离婚,给他的心里造成了很大的伤害,因此他经常上网聊天,玩游戏,违反校规,中午饭都不回家吃,成绩直线下降。根据他的这种情况,我首先充分分析L同学出现情况的原因:其一,他缺乏家庭温暖。由于父母长期不在身边,每当他遭受挫折和委屈时,不能和最疼爱他的父母倾诉;每当遇到高兴的事儿或受到表扬时,不能向最亲爱的人分享;每当他需要撒娇和任性时,不能投入父母那温暖的怀抱。这样的孩子,长期受到心理压迫,人格是不健全的。如果他在学校里得不到老师的关爱,这必将把他推向孤僻、失落、痛苦的境地。而他所谓的犯错、违纪,只不过是想引起老师和同学的关注,心理上期望得到慰藉。其二,学校教育的欠缺。每当L同学犯错甚至屡屡犯错时,老师若缺乏耐心,采取的教育措施简单而粗暴,没有针对性和艺术性,逐渐地他们就习惯老师这种没有效果的教育方法,形成一种破罐子破摔的心态。其三,班级的包容性不够。由于L同学学习不够好,不能得到老师的喜欢和重视,大多数同学也受老师影响,开始冷淡他,不和他互助学习,不和他玩耍,不和他交往。这样的班级无非是把他推出集体的怀抱,于是L同学有种孤独无助感,于是他身上问题必然层出不穷。 对此,我多次找他谈心,帮他分析自己退步的原因,并且针对正处于高中时期的孩子的特点,在网络上收集一些关于少年犯罪的例子,以及由于交友不慎而把自己带入深渊的例子。结合实际,警醒学生,学会判断是非,学会分辨良莠,懂得哪些事该做、哪些事不该做。孩子恍然大悟:有些事情是不该做的,做了是要犯法的。孩子的思想受到了一次洗礼。我经常和他沟通,并发动班里同学与他交流,让他感到老师的关心、重视以及班级的温暖……用关爱唤起他的自信心、进取心,使之改正缺点,然后引导并激励他努力学习。

作为一个教师、一位班主任,应"以人为本",尊重每一位学生,走进学生心灵。教育是心灵的艺术。我们教育学生,首先要与学生建立一座心灵相通的爱心桥梁。这样,学生对老师才会产生热爱之情。如果我们承认教育的对象是活生生的人,那么教育的过程便不仅仅是一种技巧的施展,而是充满了人情味的心灵交融。心理学家认为"爱"是教育学生的前提。调皮生、后进生、留守生每个班都有,而且我相信每位班主任都有自己的方法和对策。我认为我们教育学生,首先要与学生建立一座心灵相通的爱心桥梁。只有爱心和耐心才能让孩子敞开心扉,和老师成为朋友。

比如以前我班学生M、H等三四个同学喜欢下象棋,经常在课间十分钟与同学在"楚河汉界"上厮杀。由于课间休息时间短,如此这般必将分散上课的注意力而且造成班级课间混乱。我想:象棋是益智游戏,它能锻炼人的大脑,使人思维敏捷。其实我自己也是象棋爱好者,而且自认为水平不错。此事宜"疏"不宜"堵"。问题是如何引导学生把这类益智游戏安排在放学后进行。于是在班会课上我提出建议,在本班举行一场棋赛,第一名班级奖励。另外,第一名还可与我进行挑战赛,胜我者,我自己掏钱另买奖品发给赢者。学生纷纷举手表示愿意参与,我让M生全权负责,其他三名同学分项辅助M同学工作,并将比赛时间安排在放学后。果然,M积极性大增,制定了比赛方案,并极其负责地组织比赛,M获得了第一名,还与我比赛,结果该生败北。通过这次活动,既丰富了学生的学习生活,又安排好了学生下棋的时间,而且班里很多同学同时对我非常佩服,拉近了师生距离,使师生关系更融洽,更利于班级管理。后来我们班定期开展此类活动。我欣喜地发现班级的凝聚力增强,同学们学习更用功,成绩明显进步。

作为班主任,要不失时机地抓住班级发生的事情,重新认识学生,适当适时地教育引导,这样的教育效果是比较理想的。在采取教育的同时,要采取比较适当的手段,不能采取一刀切的方法,要个别问题个别分析,分别对待。

一位哲人说过:"人类本质中最殷切的要求是:渴望被肯定。"在教育学生时,教师若能捕捉学生的闪光点,巧妙应用语言,创设赏识的情境加以引导,将使学生更加自信更加积极。

冰心说过:"世界上没有一朵鲜花不美丽,也没有一个学生不可爱。"每个学生都是一本需要仔细阅读的书,是一朵需要耐心浇灌的花,是一支需要点燃的火把。如果学生生活在批评中,他就学会了谴责;生活在鼓励中,他就学会了自信;生活在认可中,他就学会了自爱。所以,在今后的工作中,我会给学生更多一些鼓励,不断总结自己的工作得失,让自己的班级管理工作不断进步。

(合肥六中　戴克宏)

三、爱学生要从心做起

2012年6月我顺利从华东师范大学历史系毕业,满怀信心和热情投入到祖国的基础教育之中,履行一个免费师范生的承诺,回到故乡贡献我的力量,投身基础教育事业,服务合肥六中。

就在开学前的一个晚上,高一年级部主任亲自打电话告诉我,让我担任新一届高一的班主任。这对我这个"菜鸟"而言,既兴奋又紧张:兴奋,在于学校对我的信任,勇于起用新人管理班级;紧张,在于对班主任工作而言,我没有任何经验可言。但接下来等待我的并不是值得兴奋的事。开学第一天,班上有个陈同学,当时因为他在我讲话的时候频频与其他同学交头接耳,我批评了他几句,他就和我顶嘴。虽然不是恶意的顶嘴,但是对我这个新班主任却是一个很大的挑战。当时我想,一个高一的新学生,胆子竟然这么大,当着全班学生的面和老师顶撞,我很生气。但我没有和他发生正面冲突。因为我对他不是太了解,如果当时和他发生冲突的话,万一这孩子脾气比较犟,发生什么事情,于我于他于班级都不好。所以,当时我就叫他下课后去办公室找我。

下课后他很准时地来了,我根据之前的班级学生家庭信息采集表,特别留心这个学生的毕业学校、兴趣爱好、父母工作单位等。首先根据自己所知,在具体的谈话中,用心去与学生交谈,这个交谈大约持续了五分钟,我并没有就今天的冲突去责骂这个孩子,而是旁敲侧击,就高中阶段的学习习惯、生活习惯等方面展开谈话,希望他能尽快顺利地通过适应高中生活的"过渡期"。

在以后的相处中,我就特别留心这个"调皮"的孩子。接下来,他又相继地做了一些违规的事。早读课看杂志,被我发现;检查数学课试卷,有几项他没能完成,第一次数学周考也没及格等。才开学一周,他犯的错误就不少了。针对这类学生,一味地去责骂,这样的教育方法是于事无补的,要认真分析,找到正确的教育方法。

通过分析,我认为引起该学生教育困难的原因有:

家庭因素:家庭关系的不和谐对学生正常心理发展有不良影响,特别是家长自身不好的生活习惯和较低的综合素质。

心理因素:学习动机缺乏,对自身没有高的目标要求,到了高中失去了方向,容易自暴自弃,产生了破罐子破摔的情绪。

经济因素:贫困家庭没能给孩子创造良好的学习条件,从小就没有好好教育,继而使他丧失学习兴趣。

我觉得改变这类孩子的最根本的办法就是走进学生的心灵,关注他们,学会换位思考,多站在孩子的立场上为他们设想,引导他们步入正轨。

首先,用真心换真情。学校任用我们年轻教师的目的之一在于我们与学生之间的年龄差距较小,容易沟通,我们很容易对自己班级的学生投入真诚的爱。

平时,我经常留心他,利用课余时间找他谈话。告诉他,现在应该好好学习,不能让辛苦的父母操心。平时作业上有什么不明白的或是做错的,我都会帮他讲解,直到他听懂为止。利用自己的真情,让他感受到老师的关心。诚恳待人的态度,亲切温和的语气,尊重理解的氛围,此时,他可以感受到老师和同学们都是自己的知心朋友,是可以信赖的人,这样我们的感情才能得到交流,他也容易接受教育和指引。

其次,用鼓励增强他的自信心。当选举临时班委时,因为新接手这个班级,对学生不熟悉,所以我根据填写的登记表,根据个人、家长以及以往的经历而选定班委人员,课代表由中考单科的最高分者来担当,他的政治分数全班最高,所以安排他当政治课代表。一个人生来不是什么都会的,能力是靠后天锻炼的,通过一段时间的考察,发现他能力还是比较强的。每一个成长的孩子渴望被父母肯定,被老师肯定,被社会肯定。只要能针对孩子的优点去夸奖他、肯定他,他必然会变得更好。我们都知道情感教育要从"换位思考"开始。具备"换位思考"的人,能够在认知自我情绪的基础上,体会他人的情绪,进而将自我情绪传达给他人。对于这样的学生,我们应该多激励他,鼓励他,不能打消他的积极性。应该让他树立自信,快乐成长。结合当今社会的现实要求,班主任的工作必须以肯定为主,陶行知曾经说过:一句话可能造就一个天才,而另一句话可能毁掉一个天才。

用爱心感化学生是班主任工作的重要手段,也是最有效的方法,特别是对于刚毕业的经验不够丰富的班主任而言。班主任在工作中应善待学生、关注学生,抓住机会真诚走进学生的心田,学会换位思考来教育学生、感化学生,而不应该只有呐喊、没有行动,相信各位同仁可以做到并且做好。

(合肥六中　钟鸣)

第二节　倾听的艺术

一、理想引导方向

开学第一天,一个带茶色眼镜的张同学引起了我的注意。中学生中带这种眼镜的人不多,估计他是有原因的,所以我没有直接指责他。后来,我仔细观察发现,他眼睛下方有个暗色的胎记,所以用茶色的眼镜来遮挡。

开学第一个月,张同学学习很努力,其他方面的表现也很不错。但是第二个月,张同学的表现有点让人失望:作业开始潦草,上课经常打瞌睡,显得很疲惫,老师提问他的时候,他甚至不知道问题是什么。

刚开始,我觉得可能是高中生活的新鲜劲过了,学习开始松懈了,所以我把他找来谈话,询问原因,他只是说不适应。于是我简略描述了高中和初中学习上的差异,希望他以饱满的热情对待之后的高中生活。可是这种状态只改变了几天,张同学又回到了没精打采的样子。直觉告诉我,他想学好,一定有什么不利的客观原因在影响着张同学。

为了找出问题所在,我多次找他谈话,试图了解情况,可是他就是不愿提及,只是说自己感觉高中学业压力大,自己写作业慢,睡不好。但是他说话的表情表明他没有讲实话。没办法,我只好通过家长了解情况。张同学的妈妈是个很朴素的妇女,在听了我对张同学近期学习的描述以后,她开始抹眼泪。原来她和丈夫自己经营一家工厂,经常有工人晚上进出家里,影响孩子作息。并且,他们前两年收养了一个小女孩,现在女儿两岁多了,正需要照顾,他们一直以为儿子懂事听话,所以没在他身上花心思,没想到他们对孩子学习造成了这么大的影响。最后,张同学妈妈决定在学校附近租房子,她自己来照顾张同学。

后来的一段时间,张同学的学习状态明显好转,学习成绩也基本能稳定在班级前20名。他妈妈也经常打电话向我了解他的在校情况,我心里暗自开心,这个孩子算是上路了。

不知不觉到了高二下,此时,张同学早已消失在我的"黑名单"中。一天中午,我临时有事,很早来到学校。在学校前面的一个小巷子,我惊诧地发现张同学和几个校外青年在边抽烟边聊天。他看到我也惊呆了,不过很快就说:"老师,我错了,我这是第一次。"可是,他那熟练的动作表明,他已经不是第一次了,这个他和教室里面的他判若两人!回校以后,我立刻找来他妈妈了解情况。他妈妈说,因为家里太忙,生意上的事也不能指望外人,所以她只能大多数时间在家,少数时间来出租房照顾张同学。我想,可能就是在张同学妈妈不在的这段时间,他结识了这些社会青年,染上了坏习气。没办法,张同学妈妈只好再次全职陪读。

后来,张同学妈妈多次向我反映,张同学不仅抽烟,还经常去玩台球等,她总是忍不住骂他,两人情绪对立很严重。但是,在学校里,张同学依旧在尽本分地学习,不太努力,也不掉队,只是感觉多了些痞气。

由于张同学妈妈爱子心切,她希望通过切断生活费的方式威胁张同学戒掉恶习。没想到,平时貌似温和的张同学居然也和妈妈顶了起来,他扬言自己去挣钱,并且真的不来上学了。后来我主动联系到他,我说:"老师给你介绍工作吧。"他不知道我葫芦里卖的是什么药,但还是去了我介绍的工厂上班。这个工厂是另外一个学生家长办的,我要求两点:第一,这个工作不能太累,张同学毕竟是未成年人;第二,这份工作必须有一点累,而且耗时间,管理严格,待遇不高。其实,这就是一个策略,我希望张同学能通过自己的经历感受父母生活的艰辛,以及挣钱并不是想得那么简单。

两周后,张同学主动回家和妈妈谈判,说想读书。按照我们之前的计划,张同学妈妈故意说不行,还让他出去自己挣钱。最后,张同学向妈妈承认了错误,并说自己已经"劳动改造"了。经过协商,我们和张同学达成协议:①不许再沾染恶习;②好好学习,战胜自己;③不再逃课。

在和张同学妈妈多次交流中,我得知张同学比较崇拜科学家。虽然我只是研究生毕业,但是有很多同学,以及以前的导师都在从事科研工作。于是利用周末时间,我带着张同学参观了我曾经待过的实验室,并让他和一些科研人员近距离对话。在晚上回来的路上,张同学认真地告诉我:"老师,我要好好学习,我要实现自己曾经的理想。"

之后,张同学果然按照约定,一直在好好学习,也不再和社会青年来往。他经常主动来问问题,也会汇报一些自己的想法。每一次考试后,他都会分析自己失误的原因,然后找准下一个前进的目标。在每次的谈话中,我都能感受到他积极向上的精神,以及学习的快乐。

今年,张同学如愿考上了重点院校,在他给我的短信中,他写道:"老师,我距离自己的理想又近了一步,感谢你们一直在我身边。"

(合肥六中　陶玲)

二、面对失败和挫折我们该如何应对

在带班主任期间,班里有位男同学,他的背部长了一个大疙瘩,到处求医问药也没有结果,所有的医生都说这是青春期的一种正常现象,不要过于关注。但他总是认为自己不行了,本来成绩很好的他,在"生病"后,成绩退步十分明显,而且还总是拿生病当借口。经过和家长以及和该同学的沟通,我了解到产生这些问题的根本原因有两个:一是孩子父亲对孩子的要求过于严格,对成绩看得过重,孩子有一两次考得不好,都要受到家长的严厉处罚;二是该同学在家长的严格要求下心理产生了逆反的情绪,以生病为借口自暴自弃。

还有一位王同学,他刚入学时成绩在班里排名较靠后,一开始学习非常努力,但是经过几次考试后,成绩依然没有得到提高,在一次段考过后情绪非常低落,甚至连上课都没精打采,经过几次交流和沟通后,该同学端正了学习态度,成绩也慢慢有所提高。

当今的青少年学生中独生子女较多,大多是在非常顺利和备受宠爱的环境中成长起来的,所以抗挫折的能力普遍较低,在学习和生活中经不起打击。此外,随着身心发育的成熟和社会实践活动的增加,他们的独立意识和成人感日益增强,开始以一个独立主体参与社会活动。但是由于个性及心理发展尚不完善、不稳定,青少年的情绪容易波动。一旦遇到什么挫折和不幸,极易悲观失望、自暴自弃,有的甚至走上轻生的道路。

这些学生的心理往往比较脆弱,情感的依赖性比较强。不少学生过于娇惯,很多家长不敢说、不敢管,都依赖于老师和学校的教育。其实孩子也渴望自己的老师既是师长更是朋友,期望与心目中尊敬的老师有朋友式的感情交流。

那么,我是如何帮助他们应对这些挫折的呢?我主要从以下几个方面开展工作。

(1)帮助他们树立正确的挫折观。遭受挫折,是人们认识世界和改造世界过程中的必然现象,任何人的成长过程中都不可避免地会遇到不同程度的挫折。正视挫折,认真分析挫折产生的主客观原因,正确对待挫折,那么就不仅可以克服和消除挫折,而且还可以磨炼自己的意志。

(2)要求他们控制好自己的情绪。挫折产生后,谁都会感到紧张、烦闷,行为也不免有些失常。在这种情况下,如果能有意识地运用心理防御机制,采取一些比较积极的间接反映方式,从而避免加重挫折或由挫折带来的新的挫折。

(3)帮助他们重组知觉判断。挫折感的强弱,往往决定于受挫对象的知觉判断。其实,知觉判断仅仅是一种认识。所以,当挫折产生后,要认真分析引起挫折的对象的实际情况,作出实事求是的估计,然后再检查自己的判断是否符合实际。如果发现自己的知觉判断夸大了事实,就要改变对引起挫折的对象的认识,从而减轻挫折感。如果发现挫折是因自己的错觉造成的,便可以很快消除挫折感。

(4)帮助他们分散挫折的压力。教他们不要把痛苦闷在心里,应当主动向老师、同学或亲友倾诉,争取别人的谅解、同情与帮助,这样可以减轻挫折感,增强克服挫折的信心。

(5)引导他们转移自己的视线。遭受挫折后,一般人都会感觉度日如年,这时,要适当安排一些健康的娱乐活动,到户外去呼吸大自然那新鲜的空气。丰富多彩的闲暇活动可以使挫折感转移方向,扩大思路,使内心产生一种向上的激情,从而增强自信心。

在班主任工作中,我们要用爱心去培育心灵;在传播知识的同时,要逐步增长教学技能;在播撒爱心的同时,我也收获着一份份爱的回报。一个学生就是一个十分丰富、十分复杂的世界,要走进学生的内心世界,我认为最美的方式是师生之间心灵的沟通。每个学生的心灵深处都有一根琴弦,要想真正拨动这根心弦,教师就要尊重学生,在平等的基础上倾听学生的心声,这样学生才会把他们的心思告诉老师。通过交流互动,加深师生之间的理解和沟通,也加深了师生之间的友谊,从而老师更能走进学生心灵。

人生之路,总是会有坎坷。古今中外,任何一个人在成长的道路上,都会遇到这样那样的困难和挫折。挫折感是普遍存在的一种心理现象。所谓挫折,就是指个体在从事有目的的活动过程中遇到障碍或干扰,致使个体动机不能实现,需要不能满足时的情绪状态。这种状态在人生中的各个成长阶段都是客观存在,只是表现形式不同而已,处在身心发育时期的青少年表现尤为明显。

班主任的工作虽然很辛苦,但在这辛苦的工作中融入了我的爱,伴随着学生成长,所以我感到很快乐。我就是这样怀着对每一位学生的爱,对每一位学生的情,慢慢地走进了学生的心灵,在师生之间心与心的沟通、情与情的交融中,我看见了爱的火花,也看见了教育者的希望。每当我看到我深爱着的学生们健康成长时,特别是一些学生重拾信心、奋勇直前时,我就感受到了我活着的价值、工作的意义。

(合肥六中 范丽)

三、"手机事件"使他敞开心扉

在高一第一学期,M同学学习很努力,其他方面的表现也不错。但第二学期刚开学,M同学的表现就引起我的注意:上课经常打盹,即便不睡觉上课也经常走神;放在课桌上的课本只是一个摆设,经常发现翻开的页码和上课内容不吻合。

刚开始我认为他是寒假生活过于放松,对新学期的学校生活还不太适应。可是这种状态持续了很长时间,丝毫没有改观,直觉告诉我,一定有什么不利的因素影响着M同学。

为了找到M同学变化的原因,我多次找他谈话,试图跟他沟通,他却用各种理由搪塞,始终不愿意对我讲实话。我想通过家长了解M同学变化的原因,可是和家长多次电话联系,家长总是以忙为借口,一次也没到学校来。该同学的表现明显反常,自然成为我重点关注的对象,每次上课我都时刻关注着他,发现违纪行为立即批评,但一直收效甚微。在此期间他的成绩也在不断下降,期中考试时学习成绩已由原来的前二十名下降到班级的后十名。就在我一筹莫展的时候,又发现了新的问题。

一天上午的物理课上,我发现M同学的表现与平时明显不同:每当我转向黑板的时候他就快速地低头干其他事情,只要我面向同学们,他就看着我,但他的眼神告诉我他并没有在认真听课。有好几次我边讲课边走到他的跟前时,他都很慌乱地用手压着课本。为了弄清他到底在干什么,我刻意较长时间站在离他较远的地方讲课,眼神也不再关注他。

M同学很快放松了警惕,开始低头干自己的事了。由于过于投入,当我再次走到他跟前时,他竟然毫无觉察,仍然低头全神贯注地用隐藏在书本下面的手机浏览黄色网站,我立即没收了他的手机。

下课后M同学主动找我承认错误,我跟他说:"下面还要上课,现在不适合解决问题,你放学到我的办公室来吧。"

中午放学后,M同学来到办公室,首先承认错误,说不该上课玩手机,更不该浏览不健康的网站,并说这是第一次,保证不会再有下一次。最后,希望我能原谅他,并将手机还给他,还一再要求千万别告诉家长。

我一直耐心听着M同学的解释,然后明确告诉他:"虽然你说了很多,但我觉得很多话还是在敷衍,没有讲多少真话,至少手机上网不可能是第一次。手机是现代生活中很重要的联系工具,但它已经成为你离不开的'毒品'。"同时指出:"要想痛改前非,就必须敢面对现实,勇于剖析自己。"

　　经过短暂的思考后,M同学向我讲了实话:为了他的学习,父母在学校附近租了一套房子,每天由母亲陪伴着他。可是就在春节之前父母离婚了,这对M同学的打击很大。他情绪很不好,春节也不回家,每天都待在租的房子里用手机上网,由于没有人监督,就经常浏览不健康的网站。开学后仍然控制不住自己,每天都上网到深夜一两点钟,有时甚至通宵上网,以致白天上课没有精神。现在已经有了网瘾,实在控制不住自己,就连上课的时候也没有心思学习,就想找机会上网。

　　了解这些情况后,我首先表示对他的同情,开导M同学不要因家庭的因素而影响学习,现在首要任务是做好自己的事。同时鼓励他树立信心,毕竟发现问题较早,耽误的功课不是太多,只要能彻底改正缺点,一定能够把成绩搞上去。

　　经过协商,我和M同学做了如下约定:①M同学承认自己的自控能力较差,为了约束自己,手机暂时由我代为保管,到期末考试成绩达到班级的中等水平再来取回手机;②考虑到家庭的特殊情况和M同学的面子,上课玩手机的事情暂不告诉家长;③我利用课余时间每周给他补课一次,帮助他尽快提高成绩。

　　手机事件后,M同学向我敞开了心扉,此后每周在约定的时间里我先给他辅导物理,然后M同学向我汇报一周内自己的学习和表现情况,有时也跟我讲一些班级里发生的我不知道的新鲜事,有时还会谈自己在家庭里的烦恼。每次考试以后,他总是及时向我汇报成绩,并主动分析错误的原因。每一次我都耐心地倾听他的倾诉,既分享着他的快乐,也及时排解他的烦恼。在此期间,他的成绩一直稳步上升。

　　高一结束的期末考试,虽然他的成绩没能达到我们事先约定的目标,但确实有非常明显的进步,考虑到升入高二时学校要重新分班,以后可能不在我的班里,所以我决定把手机还给他。在归还手机之前,我找M同学进行了一次长谈,既对他近期的出色表现进行了表扬,也指出他还存在的不足,对今后的学习和表现也提出了新的要求。最后我把手机还给M同学的同时也提出一个要求:对于高中生来说,手机的用处不大害处却很多,建议他主动将手机交给家长。

　　当天我就收到M同学家长的电话,说孩子最近的变化很大,学习比原来主动多了,原先为了配手机跟家长纠缠了很长时间,今天回家主动把手机交了出来。我听了这话感到很欣慰,知道M同学确实长大了。

(合肥六中　杨敬志)

四、用行动去感动特殊孩子的心灵

2009年我在合肥六中担任了班主任,学生报到的那天我到校很早,想看看我们班的新同学。过了五分钟,我看到一个家长推着一个坐在轮椅上的小女孩走进了我们班的教室,当时我的心往下一沉,我们班怎么有一个这样的孩子,我该如何管理?

但当我往小女孩脸上一看,我的心又明亮起来了,小女孩的脸上挂着甜甜的笑容,给人感觉很积极、很乐观。接下来我首先把她的座位安排好,然后和她的家长进行了一次沟通,了解了一下具体的情况,得知她从小下身就瘫痪,做了很多次手术都不见好,给学习和生活带来很多不便。(以下介绍简称L同学。)

开学的工作非常繁琐,但我不曾忘记我们班这位特殊的L同学,我的脑海里总在想,如何能让她像其他孩子一样正常、快乐地学习,尽快融入我们班级这个大家庭。开学不久我就遇到第一个大的难题,信息技术课在机房的五楼上课,可是机房所在的那栋楼没有电梯,L同学又特别喜欢信息课。和她沟通后,我找了我们班的几个男同学和我一起把她从一楼抬到了五楼,到了五楼我们都已经气喘吁吁,但看到她在电脑旁边开心的样子,我心里很欣慰。下课后,我不放心,早早等在机房外面。我感到欣慰的是,我们班几位男同学已经主动推着她走出教室,并且准备把她抬下楼。在下午的班会课上我表扬那几位男同学,并就这件事情开展了一次同学互帮互助主题班会。班会取得了很好的效果,同学们自发成立了帮扶小组,照顾她的学习生活。当然为了更好地帮助L同学,我把现有的困难汇报给校领导,校领导很重视这件事情,很快就拿出具体方案解决她上机难的问题。

这虽然是一件非常小的事情,但是再后来我感觉到班集体发生了很大的变化,同学之间的友谊加深了,对我这个班主任的工作也更加支持。有同学在日记里写道,看到班主任亲自抬着L同学上楼,他们心里都很感动,感觉到班主任是用心在关心他们。

开学的第二个星期我又遇到了第二个问题。我们班级的座位为了体现公平公正,要轮流调换。L同学将被调到讲台的另一边,这对于行动不便的她来说很不方便。我想了好几天都没有一个很好的办法处理这个事情,就在这个时候将与L同学调换座位的同学找到了我,说可以让L同学还坐她自己位置,他调到其他地方坐。这使我感到我们的同学在我的带动下都开始主动关心L同学,这对于一个班级的管理工作来说绝对是个好事情。

体育课L同学是不能上的,每当这个时候她总是一个人在班级,显得十分孤单。一次,我有意走进了教室,和她谈心,谈谈她最近的生活情况、学习情况,有没有什么困难需要我们老师和同学帮忙。最后小女孩给我提出一个问题,她能不能也到操场上体育课,或者看着同学上体育课。我觉得想法非常好,在后来的班委会上我让班委的同学就她的想法进行讨论,讨论以后班委的同学决定由帮扶小组的同学推着她一起去操场上体育课。这之后每当我班有体育课的时候,操场上都有一位坐在轮椅上的同学,这成为学校的一个亮点。

融入了班集体的L同学,学习很刻苦,成绩在我们班名列前茅。由于她的学习成绩好,班里的很多同学都会向她请教问题,她也会热心地给予解答。我们班的学习风气一直很好,这也与L同学有分不开的关系,同学们学习上、生活上出现了困难,但只要想想L同学,大家就觉得没有什么困难克服不了。

时间一天一天过去,L同学在日记里写道,她在我们班这个大家庭感觉到了温暖快乐。每一位老师都像父母一样爱护她,每一位同学都像兄弟姐妹一样关心她。而我也感受到班级里有了她,大家变得更团结、更有凝聚力,我的班主任工作更容易开展。L同学的家长也经常和我沟通、交流,这使我能第一时间了解孩子的情况。

由这件事情我想到,我们班主任对于那些比较特殊的孩子,应该给予一些特殊的帮助。只要处理合适,用行动去感动特殊孩子的心灵,感动所有同学的心灵,就会成为管理班级的积极因素。

（合肥六中　孙长胜）

第三节　角色转换

一、转身:适应角色转换,积极应对挑战

2011年刚刚步入高中教师岗位的我在工作第一年便担任了高一班级的班主任,这对我来说,是一个振翅高飞的大好机会,但会因为经验不足的原因而感到缩手缩脚。

记得在开学前的一个晚上,一起过来的几位新教师中的一位紧张地向我们询问如何面对一张张盯着你的陌生面孔,如何平复紧张的心情而从容不迫地站在讲台上,如何给学生留下很好的第一印象,如何在今后的班级管理中稳步求升……

他一口气连问的几个"如何"倒使我们开始躁动起来。本来踌躇满志的我也开始畏首畏尾起来,晚上睡觉竟然辗转反侧难以入眠。不知这样熬过了多久,眼睛发酸发疼中无意瞟到了窗外——东方既白。心情一直都没有平静下来,带着忐忑的心情走进那期待已久却在这一刻又畏惧的校园,一座既熟悉又陌生的校园。熟悉是从我上小学到大学都不曾离开,陌生是我不再是一个懵懵懂懂的学生,我已面临蜕变的转折。带着一路的担心,我走进了属于我和学生的班级,就在那一刻我突然觉得刚才的忐忑、紧张与不安在瞬间烟消云散,当一眼扫过满脸未脱稚气的学生时,心渐渐地宽了下来。

接下来熟悉了班级的学生,带着他们去领取新生用书,交代了新班级的班规和注意事项,甚至还给他们排了座位。忙完这一切已是正午,告别学生早已饥肠辘辘。吃饭的时候我在想,为什么能够如此从容不迫,为什么能够安排妥当。大学生时期的我并不是一个擅长交际、善于组织的人,但是当责任真正降临到我身上时,我发现自己的潜能被发掘出来了,我的能量也迸发出来了。就这样,我完成了新生入学的安排任务,得到了学生的肯定。一周下来班级慢慢地步入了正轨。

接下里的时间里我与学生度过了很欢快、很美好的时光。我甚至淡定从容地在家长会上面对气场强势的家长,琐碎繁杂的班主任工作我已

轻车熟路游刃有余。一切都是那么美好，让我觉得我似乎已经做好了角色转换。

然而，一切并不是如此。在大学里的我是"独善其身"，而在班级管理中却要"兼顾全班"，处理好同学间的关系。在做到面向全体学生公平公正的同时，要照顾个别。照顾个别不是偏爱，而是鼓励。在日常的班级工作中既要普及一般，又要考虑个别学生的感受。这在我以前的学生时代是完全无法体会到的，就算是与曾经担任班级和大学学生会的干部面临的问题相比，也只是小巫见大巫吧。然而这一切都是一个班主任的职责，为了班级健康良好的发展，必须要解决这些问题。

坦白说，我与他们一般大小的时候，我会知道班里某某擅长绘画，某某钢琴十级，某某运动天赋很高，因为我们每天在一起无话不谈。但成为班主任以后，我和学生之间有一道无形的隔阂。我不可能再像学生那样每天细心地去观察去留意。怎么办？这就需要自己去转化角色，带着班主任的角色运用新的办法去了解学生，读懂他们。除了日常的接触外，我借着语文教师的角色的方便，要学生在第一次周记里畅所欲言。在这次周记里我读到了许多许多的信息，对我接下来的班主任工作大有裨益。我读到了有些学生对班级有一些诚恳的建议，我读到了有些学生怀念着难以割舍的初中好友，我读到了有些学生在初入高中时心中的美好希望……

在这当中，我读到了一篇诗歌。略显青涩，但我看出了他对诗歌、对文学的热爱。工整的字迹，整洁的卷面，我感觉这一定是一个认真学习、成绩优秀的学生。但是事实并非如此，他的成绩在班级下游，做事也有些许不羁。但我抱着鼓励的原则在他的周记本上很认真地称赞了他一番，确实也是值得称赞的。接下来的时间里，他很积极，尤其在语文课和班级的活动上，尽力为班级做贡献。我从没想过以这样的方式和别人结识，学生时期的我从没有刻意去赞赏某个人，而作为班主任这却是一个非常重要的手段。在我的鼓励下，他经常与我谈心，一开始他只与我谈谈怎么学习语文，拿他写的诗歌和散文让我看，后来他慢慢地开始和我沟通如何学习高中课程，用什么学习方法来适应高中的学习生活。我们成了无话不谈的好朋友，当然在课堂和班级管理上他还是很支持我的工作的。在校园元旦文艺汇演上,他更是一展歌喉,为班级拿下校园比赛二等奖。他学习上虽然有些落后,却能够主动要求进步;学习之外他的率性阳光、多才多艺也受到了大家的欢迎。从他的事例上,我充分认清了班主任既要像同学、像朋友一样与学生平等相处,也要完成角色的蜕变,把握住学生,站在班主任的高度和角度去管理、掌控班级,在有所保留的华丽蜕变中尽力做好自己的本职工作。

一年的班主任工作已不知不觉接近尾声,细小琐碎的问题很多,相比于学生时代,更需要自己主动去面对、去解决,也更需要主动与学生交流、主动与任课教师交流。我的身份已定位,我需要去完成自己主观意识中的角色转变。

(合肥六中　王立鑫)

二、班主任角色转换的艺术

班主任是一个班级的灵魂,是一个班级的方向,是一个班级的管理者,因而说班主任工作重于泰山,其实一点也不为过。一位优秀的班主任要善于沟通,学会理解学生,时刻关注每一个学生,这些都对班主任这个角色扮演者提出了挑战。作为一个班主任,应该明白的是时刻跟着学生的思维和想法,然后加以引导,而在这过程中班主任角色转换的成功与否就关系到引导工作的成败。在实际过程中有很多的班主任工作案例供我们学习和参考,特别是第一次作为班主任的年轻教师们更应该对此进行思考。

班主任杨某是一位刚从重点大学毕业的优秀师范老师,刚刚来到学校就被委以班主任重任,这让杨某非常感动,下决心一定要将本班带成全校优秀班级。杨某为了让班级进入优秀班级行列,和本班学生进行亲切交流,不断以学生的角色和本班学生进行交流互动,刚开始取得了非常好的效果,学生都认为杨某和蔼可亲,再加上杨某非常优秀,这让本班学生非常崇拜,很多学生都觉得自己在这样的老师带领下会取得很好的成绩,这其中也包括王某。

学生王某是班级的活跃分子,喜欢和老师交流沟通,经常在晚上给各科老师发发短信,其中就有杨老师,因为年纪相差不大,相互之间就有很多共同语言,从第一次交流和讨论之后,师生间的交流就变得不可收拾。在交流中,王某觉得老师就是自己的哥们是兄弟,彼此之间无话不谈。在班级,王某是班级的领头羊,做什么事情都非常积极,有什么事情都会和班主任进行交流,这个时候杨某觉得这个孩子非常好,认为成绩会在自己的带领之下变得更好。师生在班级的关系更加铁了,但是这让其他学生非常反感,认为杨某就是王某的哥们,王某在班级如日中天,期中考试来了,班级的考试非常不好,其中王某的成绩最差,这个时候杨某觉得自己被骗了,王某在自己的培养之下怎么可能会考不好呢?这个时候杨某将王某叫到一边,开始进行训斥:"为什么会没有考好?""为什么会这样?"。结束后,王某没有任何反应。期中考试总结会上,学校在进行成绩总结和班级评比,这个时候领导批评了杨某的班级。会后,杨某回到班级将学生从头至尾批评一顿,这个时候有学生就开始私语道"我们考不好是谁的原因"。

王某也开始有这样的想法,渐渐和杨某的关系变淡了,没有以前那样火了,甚至变差了,有什么事情都不交流了。这让杨某很奇怪,杨某就将王某找来问最近的情况,但是王某什么也不说,杨某很生气。一次上课,杨某讲错了一道题,这个时候,王某带头嘘声,这让杨某更生气,觉得王某不可理喻,将王某在班级狠狠批评了一顿。

王某成了班上最调皮的学生,上课不专心,经常讲话,下课吵闹,任课老师的话基本上听不进去,将杨某的训斥也不当一回事,王某对杨某软硬不吃。这个时候,杨某没有办法了,就将王某的家长叫来了。但是情况并没有像杨某想的那样,没有变好反而变得更差了,情况越来越不好,班级的情况也越来越差了。

不久,杨某就收到了家长的不满短信,学校也收到了相关的投诉,而就在这个时候到了学期老师测评,结果出来了,杨某成为大家都不喜欢的老师,包括曾经和他走得很近的学生也一致反映杨某不是一个好老师。这个时候杨某疑惑了……

接下来的时间里,杨某一直在反思自己的管理方法。这个时候他明白自己从一开始就错了,没有把自己的位置给定位好,没有把自己的班主任的形象给树立起来,造成今天的结果完全是自己的疏忽。

杨某是一位非常出色的人,但不是一位出色的老师或者班主任,在王某的问题上,和他是先打得热乎,让学生失去了对班主任的敬畏感,在考试失败的时候没有鼓励只有批评,造成了学生的抵触心理,最后与家长发生矛盾,造成了王某轻视班主任的心理,认为班主任实在是没有办法了才会这样做的,这样就造成了管理上的失败,加深了班级的矛盾。

这个案例说明了新班主任角色转换失败的后果是非常严重的,同样也告诉我们新班主任在角色转换过程中要多思考、多学习前辈的经验,以提升自己的管理水平。

在教育教学中,班主任既要为人师表,又要和学生保持良好的关系。这种情况决定了班主任既要充当"知识的传授者"、"学生的楷模",又要当好学生的"心理调节者"、学生的"朋友和知己"。多种角色集于教师一身,有时班主任或者教师就难免产生角色不清或模糊,或难于在两个相互矛盾的角色中作出抉择而产生角色冲突。而这种冲突和矛盾是对新班主任的最大挑战,新班主任因为经验上的不足,再加上身上保留的学生气息,这样就增加了班主任角色转换的难度。

(合肥六中　韦世阳)

三、走进学生心灵的"通行证"

杰出的班主任孙维刚老师说过:"一个孩子的进步与徘徊,常常维系着一个家庭的进步与痛苦。"孩子的成长离不开家长关心和班主任的付出。在班级工作中,班主任必需充分发挥自己的主导作用,采取各种教育措施,使学生快乐的积极的学习和生活。

高一进班不久,我发现班级有这样一个清秀帅气的男生(陈某),他成绩不是很好,但不是最差的一个,其实他很聪明,如果他愿意学习的话,应该可以取得很好的成绩。他坐在班级的最后一排,不爱和同学交流,他对学习表现出不感兴趣,尤其在早读课的时候,他明显表现出无所事事的样子,可以说就是在无聊地消磨时间,但是他从来不打扰其他同学学习。他在班上几乎不交朋友,但他在校外、班外是有朋友的(估计是初中同学)。而且他很自我,几乎不关心其他人,也不关心班集体的各项活动。通过批改周记,我了解到,其实陈某的平时表现和他的内心期待是矛盾的。在初中的时候,陈某很调皮,不太爱学习,结果被别人冠上了"坏学生"的称号,所以就破罐子破摔,越来越偏离正常的轨道。上了高中以后,他其实是有着自己的梦想的,也希望能成为一个被关注的好学生,实现自己的大学梦。但是初中的一些坏毛病又不能完全改掉,为了引起教师的关注,他故意表现得与众不同。我知道了他这种心思后,刻意不去关注他的种种不良表现,反而决定让他来做班级的体育委员,目的就是让他积极参与班集体的生活,让他在约束班级其他成员的同时,做到自我约束、自我管理,也能让他感到老师对他的重用。不久,在一次班级游玩归来的车上,陈某把自己的座位主动让给我,并且说:"我从来没有给其他人让过座。"这句话乍一听感觉很让人不舒服,会觉得这个孩子很不礼貌,也不懂礼让,但是细想,他其实是对我班主任工作的认可,这也让我感到了一个人的改变。

班里还有一个可爱女孩子(张某),她成绩一般且性格有点内向,不爱说话,虽然学习努力,但成绩还是中等,很难提升,但是她非常勤劳又善解人意,且从来不计较自己的付出。我安排她当劳动委员,让她安排值日表,监督检查班级的卫生。她的工作确实做得很细致、很认真,所以从来没有同学说她安排不公平。我认为她的优良品质比好成绩更重要,所以经常在班级里表扬她勤劳勤奋。被表扬的张某不仅把自己的工作做得很好,而且经常需要去办公室汇报工作,并且与同学的交往也多了,所以她的性格也渐渐外向了,并且学习的动力也更大了。

我经常去家访,其中一个学生(吴某)成绩不错,但是成绩起伏比较大,他学习不是很踏实且有些浮躁,课堂上很活泼,喜欢插话和即兴提问。为了更好地促进他学习,我决定到他家走一趟。在去家访之前吴某其实不太愿意让我去家访,也许是因为绝大部分的学生觉得班主任家访就是去告他们的状。后来在我的几次交流后,该学生同意并主动安排和他父母的见面时间。通过家访,我了解了他的家庭状况、学习条件、学习环境、初中时的学习状况,了解他在家的表现、他父母的工作环境,并且知道他的家庭是个重组的家庭,且家庭条件不是很好。我也讲到他在学校的学习状况和表现,但更多在表达自己对该生寄予的希望,肯定他的付出,表扬他的优点。他的不足之处也有提及,并希望在父母的帮助下慢慢改进。家访过后,吴某还是像以前活泼,但上课的时候能遵守纪律,和班主任的关系没有受到任何影响。这说明这次家访是成功的互动,使家长、学生和学校之间及时沟通和了解,并且拉近了三者之间的距离。

对学生要负责,以诚相待,以情感人,做学生的知心朋友,既尊重他们,又严格要求他们。泰戈尔说过:"不是铁器的敲打,而是水的载歌载舞使粗糙的石块变成了美丽的鹅卵石,一味地批评不一定能产生良好的教育效果,而深切的关怀和爱护,使教育成为载歌载舞的水。"

坚持一分为二看问题,善于发现学生的闪光点,放大他们的优点,并发挥集体力量,形成强大的教育优势,把他们旺盛的精力引导到各种正当的活动中来。增强他们的集体荣誉感,及时肯定他们的成绩和进步,使他们看到前途和希望。

多走进他们的家庭,多走进教室,多观察,多发现,多和家长沟通,多和学生交流。

总之,要想成为一名好班主任,想走进学生心灵,不仅要正确认识班主任工作的意义,明确班主任工作的任务,更重要的是必须研究和掌握班主任工作的技能,用我们的爱和智慧引导他们。

(合肥六中　郑梅梅)

第四节　尊重个体差异

一、基于学生差异性的教育评价

辩证法告诉我们,正如世界上没有两片完全相同的树叶一样,每个人都有区别于其他人的特质,这就使整个人类社会充满了差异性与多样性。而作为教学对象的学生,由于先天的素质和后天所处的文化环境、家庭背景等的不同,也存在着差异性和丰富性。这种差异性和丰富性主要表现在智力类型差异、认知方式差异和个性特征差异上。学生心理的个体差异既是教育的结果,又是教育的前提。任何教育效果都要以它落在什么样的"心理基础"上为转移,学生不可能是知识的被动接受者。只有根据学生心理发展水平、个体特点,采取与之相应的教育措施,才能取得良好的教育效果。因此,班主任在教育教学中必须关注学生的差异,认清每个学生的优势,开发其潜能,使每位学生在不同层次上得到发展。

《基础教育课程改革纲要(试行)》明确指出,在教学过程中,教师应尊重学生的人格,关注个体差异,满足不同学生的学习需要,创设能引导学生主动参与的教育环境,激发学生的学习积极性,培养学生掌握和运用知识的态度和能力,使每个学生都能得到充分的发展。因此,如何更全面地了解学生,发现每个学生的独特性,并通过教学与评价促进学生在原有基础上的发展,是每一位教师必须思考和研究的问题。教师必须将学生看成是有个性的学习者,承认差异、尊重差异、善待差异,使每一位学生都能得到充分的发展。在教学过程中,学科教师应根据学科特征、学生差异、教学目标等的不同,进行区别性教学安排和实施不同的教学策略。班主任应通过不同评价手段的运用,促使学生的全面发展。

在高二分班后,我班来了一位新同学王某。她在转班之前,她的班主任曾经告诉我,这个孩子很麻烦,家长非常挑剔,孩子很自卑,为了避免成绩不好而受责,往往喜欢转嫁责任,导致教师甚至班主任与家长和孩子的矛盾冲突不断升级,甚至影响到了班主任的正常工作。高二开学后一个月的时间内,我不断观察这个孩子,发现她很内向,心思细密而且敏感,上课不爱说话,下课后也不喜欢和同学沟通,作业完成情况不好。在周测验后,家长多次抱怨,对任课教师的教学多有不满。

为了减少矛盾冲突,我开始找王某进行谈话,并针对她的情况做了工作调整。平时利用课间操或午餐时间,在她心情较为放松的时候,随意地找她聊天。内容不仅涉及她的听课状况,还涉及她对老师课堂教学的感受,在潜移默化中让她看到各位任课老师的教学特色,并不断强化她对老师的认同感,提升对科目的喜欢程度。在谈话中,让她认识到自己学习的不足,如缺乏和老师的沟通,没有及时反馈学习中的难点,很自卑,怕其他同学或老师看不起自己而不愿问问题等。为了改变她的这种心理,我从我的课开始对她进行激励性评价。只要她的作业中出现诸如错误减少、较好地使用新学知识、考试及格以及全科排名有进步,我在全班范围内予以表扬。我要各科老师针对她的情况定制学习目标,给她学习的动力,使她能通过小目标的实现看到大的希望,并最终改善她的心态。对于她在日常学习和生活中出现的错误,也不采用激进的批评方式,而是通过延迟性评价的方式,即让她自己思考了一刻钟后,进行认真的分析,使其在冷静后逐步了解错误所在,并真诚地进行道歉,以避免她自卑情绪的反弹及向家长反映而促使矛盾的激化。

评价促发展,是教育教学的目的。要尊重每一位学生,尊重学生的学习成果,我们不能用同一把尺子去衡量所有的学生。对不同层次的学生应以不同起点标准去做相应评价,这样才能使学生获得成功的喜悦,激发他们的学习积极性,从而保持他们良好的心态和学习的自信心。

"不想当元帅的士兵不是好士兵",这句话之所以容易被大多数人接受,是因为大多数人都有一种成才的心理需求。同样,每一个中学生都希望自己品学兼优,成为一个有益于社会的人才。激励式的评价,能在学生的内心深处形成一股强大的心理推动力,在潜意识中产生向目标努力的追求,其影响力是深刻而长久的。尤其是心思细密而且敏感的学生,激励式评价更能使其在不断的肯定中逐步转变,更好地敞开心胸接纳他人和新事物。

另外,延迟性评价可以满足学生自省的心理需求。学生容易冲动,遇事缺乏冷静分析,因而常做错事,待冷静后又往往深感后悔。同时,他们也希望有将功补过的机会。这就是学生的自省心理需求。在日常学习和处理人际关系中由于受思维定势的影响,学生新颖、独特的见解往往会出现在思维的后半段。因此,过早给予评价往往会使学生的思维形成定势。而且,延迟性评价可以给学生一个缓冲的空间,班主任的严词苛责会使学生的自卑心理加重,同时导致师生之间的对抗情绪升级,不利于学生的身心发展和班主任工作的开展。因此,正确地运用延时评价的方法,还学生一个自由思考的空间,让学生在和谐的气氛中不断完善其知识体系和人生观,从而促进学生对教育教学的理解。

(合肥六中　于娟娟)

二、尊重个体差异

多年来,应试教育重视优生,忽视后进生,是为少数人的"精英教育"。今天,素质教育要求我们面向全体学生。让每一个学生成才,让每一位家长放心,是班主任工作的重中之重。怎样实现这种重中之重的教育目标呢？我采用尊重学生个性差异的办法，取得了较好的教育效果。尊重学生个性差异的办法，就是注重每位学生平时学习生活中的各种努力和微小的闪光之处，老师始终带着一颗欣赏的心去感悟，老师成为学生积极情感指向的对象，消除学生逆反心理，让学生知道老师非常关注他们，把他们的优点都记在心上，相信他们会改正自己的缺点和错误。

示例一：老油条，不油了

我班有位学生是出了名的淘气大王，听说在初中时班主任就被他气哭过，授课老师一提起他，头都直摇。高一时，我找他谈话，他自称是"孙大圣"，上不怕天王，下不怕阎王。他的表现确实令人气愤，上课前戳后捣，左右讲话，周围学生纷纷要求调离座位。下课不是打架就是骂人，同学见他就躲。学生家长经常到校找我处理自己孩子和他之间的矛盾纠纷。更令人生气的是他是个出名的"放屁虫"，有时有意把屁放得特响，以此引得同学哄笑。他是一个典型的具有逆反心理的学生，连他母亲都怀疑他有心理问题。找他谈心，他说自己是一条蛇，再变也没人喜欢，蛇是人人都讨厌的，谁喜欢蛇呢？据此，我没有简单采用批评式教育，而是以一颗关爱之心去寻找他的优点，尊重他的个性。他上课虽然不遵守纪律，但发言积极主动，敢说敢讲。于是我开展了"我与课堂"专题班会，班会上，有的学生说老师不能一言堂；有的说老师要注意启发式教学法；有的说老师要培养学生学习兴趣……同学们纷纷发言后，这位淘气大王大模大样地站起来说，课堂上学生要积极主动发言。于是，我总结："课堂教学，同学们如都能积极主动的回答问题，发表个人看法，那么师生互动的教学模式就落到实处了。"于是他上课回答问题更积极主动。由于要积极主动的回答老师的问题，他上课前戳后捣左右讲话的毛病就少多了。以后他只要有一点进步，我就在班里公开表扬。在尊重他个性差异的基础上，他很多缺点渐渐地不知不觉得到了改正，他变得自尊、自爱、自信、自强起来。与他一贯不和的同桌，看到他的变化，在班会自由论坛上，写了一篇充满激情的文章《老油条，不油了》。

示例二：师生矛盾的和谐化解

当学生与授课老师发生矛盾时，班主任不能一味地站在老师方面，来维护师道尊严;也不能一味地站在学生方面,来整老师,甚至动不动就换老师。班主任要晓之以理,动之以情。需要耐心的教育和正面引导,要尊重学生个性,相信他们慢慢地能理解老师的做法。

我班有位个性较强的学生对英语老师的教学方式不满,于是在周记里写了一首诗《某人写照》:

有一个人

他先是

不动声色地讲话

突然

他大吼一声

如雷贯耳,玉石俱碎,天崩地裂

他

的音波

响在整个地球上空

他

那音波的力量

冲得人连翻了四十八个跟头

他

推行重做主义

赞扬狮吼教育

他

的凶悍

渗透我们的肌肤

在周记评选课上,我朗读了这首诗,这位同学不知我何意,脸通红。读后我请学生发表看法。有的说他不尊敬老师;有的说他夸大其辞;有的说英语老师上课批评了他,他怀恨在心,以诗挖苦讽刺……他听到同学们的评议,头深深地埋在怀里。此时,我撇开了师生之间矛盾的话题,而是大夸其诗用词优美,激情洋溢,令人羡慕,他很可能是未来的诗人,我极力尊重他的个性。他听后抬起了头,龇牙笑了。接着,我叫同学们回顾初中到现在,你认为的优秀老师,他们有什么教学风格。有的说初中数学老师课上得生动有趣,但对学生特狠,做错的作业,要当面订正,并写出错误原因;有的说初中语文老师,上课态度和蔼,从不发火。我说,每一位优秀老师,都有他独特的教学风格,只不过有时还没被学生接受。上海有位语文特级教师,三年高中只讲《红楼梦》,而把语文课本当做课外读物,学生和家长群起而攻之,不断告状,但高考成绩下来后,他教的两个班的语文成绩明显高于平行班,这时人们才惊叹:"不愧为特级教师呀!"同学们听到这,"嘘"声不断。

经过三个多月尊重学生个性差异的教育,学期结束,这位同学奇迹般地深深喜爱上英语老师。他在周记里发自肺腑地写了《再议"革命老师"》,夸英语老师是教学改革的"革命者",明白了他上课大吼一声是有意识地突出重点、难点,他推行"重做主义"是为了规范做法。由讨厌老师到喜欢老师,这与我尊重他个性有关。当初我如果拿着他的诗当全班同学的面把他骂个狗血喷头,狠狠批评他不尊师重教,他必然会产生强烈的逆反心理。如果当初我不尊重他个性,将这事向英语老师反映,英语老师肯定会找他算账,这样就不可能有今天师生友好的局面。

示例三:精诚所至,金石为开

当班主任辛苦,当班主任遇到个性倔强的学生和怪脾气的家长,那教育起来更辛苦。我有一位学生,他父母以前是工厂里的职工,因厂倒闭而下岗。夫妻俩后来发奋读书,双双考上研究生,毕业后有了很好的工作。于是他们认为逆境出人才,对孩子的教育简单粗暴,总认为棍棒下才出才子。而孩子性格倔强、多疑,与父母矛盾重重。一次单元测验没考好,回家后被父母暴打一顿,第二天下午放学没有回家,晚上我就和她父母一起冒着雨满街找,找了四个多小时,终于发现他在一个楼下避雨。父母发现后,不管三七二十一上来就打,我双臂挡着护着,结果一个礼拜疼得不能举手。后来她父母来看望我时,表示以后会注意教育方式。

但一段时间后,粗暴的教育方式又发生了。原因是这位学生期中考

试没考好,又遭到父母谩骂。他非常绝望地给我写了一封信,信的内容是:

> 刘老师:您好!
>
> 请原谅我冒失地给你写信。
>
> 我该怎么办?我到底该怎么办?
>
> 天天晚上妈妈就唠唠叨叨地骂开:"你这题怎么做成这样?""你这样长大了,只能当乞丐!""快做作业去!""怎么这么迟才睡觉!"……期中考试后,我决定猛攻数学,于是自选了两本参考书,每天晚上做几题,这偏偏给我带来了灾难。做完后,妈妈总是恶狠狠地骂我做得太少和错得这么多。我多么希望有个温柔的妈妈,希望她能耐心地告诉我错在那儿,或者细心地鼓励我,哪怕只笑一下也行。我每天尽力去做,每天都期盼着被人尊重,可是妈妈每天总对我来几句冷嘲热讽。我努力克制住怒火,平声静气地告诉妈妈:"你不应该骂人,你说得不对,我不是那种人!"每当这时,妈妈会把我的本子撕了,恶狠狠地说:"叫你顶嘴!叫你顶嘴!"然后把我脑袋猛一推,可疼了。爸爸在一旁也脸一拉,捋起袖子吼道:"你欠揍呀!"我被吓得只有眨着眼,泪水滚滚而出,我是一个多么需要安慰的孩子啊!难道我维护我的人格是不对的吗?
>
> 这个家,除了生活依靠和我心爱的书本,没有什么值得我留恋的。我感激他们养育了我,可我恨他们不尊重我的人格。
>
> 在学校,同学们的白眼乱飞,瞧不起我,授课老师也说我怪怪的。我承认我是个学习普通的孩子,可我也有自尊!为什么英语课堂对话我只是读错了一个单词,她们就狠狠地骂我笨,背后说我坏话?我被折磨得很累很累,我想放松自己,可我不能。自卑、打骂、嘲讽似一条条无形的铁链束缚着我。
>
> 我该怎么办?
>
> 4月29日

看完信后,我心里久久不能平静,凭着尊重学生个性的原则,立即邀请她父母到校交换意见,他父母再次认识到教育手段简单粗暴,今后一定注意方式方法。后来,我把信还给了这位学生,并在后面写了几句话:"看了你的信后,我高兴,我自豪,这样成熟而又文情并茂的信,出自十几岁的你,我能不高兴吗?你的个子在班里是最矮的,可你的文章是班里最好的。老师相信你会尽快摆脱自卑的泥淖而走向自强,让这封信成为你走向自强的宣言。"他看到后,泪流满面,发誓一定好好学习,让父母看得起,让同学看得起,让老师放心。精诚所至,金石为开,多关注学生个性,定会收到意想不到的效果。在我多次沟通和耐心说服下,他和父母的关系得到了改善,学习成绩有了明显提高,性格也开朗多了。

(合肥六中　刘正安)

三、朽木可雕也

高三开学两个星期后的一个下午,校长给我电话,要我到他的办公室去一趟,我心里嘀咕,到底什么事? 校长怎么会叫我到他办公室呢?进了校长室,校长招呼我坐下,室内还站着一位小青年。喔! 这不是回家已有一年的孙长玉同学(化名)吗! 耷拉着脑袋站在那儿的他,好像谁欠他什么似的。还好! 不会有坏事,否则校长不会笑着脸。校长说:"周老师,是这样……"不等校长说完我已知道这小子想干什么。他成绩不好,以前在高一时因散漫不羁,谩骂老师受到留校察看的纪律处分。高二时转入我班,没有多长时间又故伎重施,后来辗转去过二中、三十四中、安大附中就读,仅托关系、借读费就花掉了好几千元。最后这些学校还是拒绝了他。这不,又想返回我们学校了,其他班主任知道这些情况后,都拒绝要他。"……我知道你可能了解他的情况,不过,我想只好把他放在你班了,他的家长已经到学校找过多次了,你看如何?"我听得出,这分明不是商量,我犹豫了片刻,又看了看坐在旁边的他,看得出他渴望有人能接纳他。于是我说:"那好吧! 我再试试看。"

当我从校长室出来,孙长玉也跑了出来对我深深地鞠了一躬,并感激地说:"没有你周老师,我真的没有书可读了。以后我一定痛改前非。"

刚开始的几个星期,他的各方面表现还说得过去。再往后,他的行为表现得越来越令人担忧,经常不参加早读,还有旷课现象。问他原因,他几乎每次都说,身体不好,胃痛,晚上睡不着等。上课精神不集中,经常在课堂上睡觉,除了体育课,在教室不与同学交流,而是趴在课桌上睡觉,一点活力也没有。

我通过和孙长玉要好的几个同学了解他的个性,甚至还花了一整天的时间大老远地跑到郊区对他进行家访,了解到他常和城乡结合部的一些小混混来往。所以,要转变他,需要让他在思想上有个深刻的转变,于是我利用开家长会的机会,让他担任给家长们倒开水的接待任务,实际上就是让他参加旁听。在会上包括他的家长在内,都强烈地表达了要求孩子不但要好好学习,更要好好地做人的望子(女)成才之心。使他认识到父母殷切之心。然后,我利用召开"解剖自己,展望未来"为主题的主题班会,作为班主任我首先坦率地检讨自己在工作上的不足,还表达要和同学们一起度过"高考"这道难关的决心,同学们都能认真地分析自己,表达为父母、为学校争光的决心。虽然,我有意未让他发言,但同学们表达团结向上的信念对他触动很大。另外,我还发现孙长玉擅长体育运动,在校运会接力跑比赛中,我亲自组织拉拉队为他呐喊加油,他不负众望,力压群雄,勇夺冠军。我当面向他表示祝贺,并号召同学们向他学习,为班争光。这使他感到老师和同学们关心、爱护他,增强他的自信心和荣誉感。此时,我才从纪律上严格地要求他,常找他谈心,常提醒他要注意的一些事项。社会青年在诱引他的时候,我去摸清情况,从校内校外堵截他向坏处发展的路子。

从此以后,他真变了,学习刻苦多了,守纪律了。但我怕他又"变"。因此,我对他更加关注,只要发现有一点点苗头,立即与他交谈,帮他分析自己的不足,鼓励他,要相信自己,战胜自己。孙长玉刚进我班时,他除了语文能得到一点分数外,其他学科的考试几乎为零。学习成绩影响着别人对他的看法,一优遮百丑,反之一丑也遮百优,分数就像魔棒一样左右着人们的思维。当成绩常遭到别人白眼的时候,他自然不自在,甚至产生对抗情绪和逆反心理。我曾经提醒他去报考艺校,他不同意。当时他信心十足,说一定要考他家附近的邮电学院。鉴于这一事实,我与他父母商量,也征得他的同意,请一些老师为他补习他以前没有学过的知识。他一有小小的进步,我就想方设法及时表扬他。从小学到中学,他成绩和表现都差,几乎都是在批评中长大的,因此,表扬对他激励作用极大。他常常面带喜色。

高二的学业水平测试,他取得了两门优秀一门良好的好成绩。在学期末,学校根据他的现实表现,决定撤销其以前所受的处分。高考估分后,他特意到我家告诉我:他的目标(邮电学院)实现了。

这个案例看起来比较烦琐,其实不然.很多这个年龄段的学生的心理健康、行为习惯并不都是那么复杂,因为他们还年轻,他们是受教育者,他们的人生经历、生活体验决定了他们很容易犯错误、受伤害,但又是很容易改正、治愈的,因为他们一天天地在成长。学生常见错误及纠正方法如下:

1.心理不健康

当今社会竞争激烈,学生面临高考,压力重,心理脆弱,压抑得不能宣泄。再者,由于缺乏良好的生活环境和教育环境,学生各种不良现象、失控行为时有发生。像孙长玉这样的同学的学习成绩开始比较差,其实并不是因为他的头脑不聪明,而是被自卑所影响的。过重的心理负担使他不能正确评价自己的能力,一直怀疑自己的优点。从而陷入失败的恶性循环之中。这样就严重影响他的身心健康发展。解除心理枷锁,让他抬起头是转化他的关键之举。

2.行为习惯不良

这些学生有的在生活上自由散漫,纪律观念不强;有的劳动观念淡漠,劳动习惯差;有的意志薄弱,自控能力差;有的懒惰、贪玩,经常迟到或早退甚至旷课;大错不犯,小错不断。有的同学学会了抽烟甚至有烟瘾;有的酗酒、盗窃,打架闹事;有的常出没于网吧;有的和街头流氓整天混在一起。

3.学习成绩不佳

像孙长玉这样的后进生最普遍的特点就是对学习没有兴趣,记得有"诗"是这样写的,"小子本无才,父母逼着来,白卷交上去,鸭蛋滚下来",从中可略见一斑。他们当中有的智力较差,理解力不强;有的反应迟钝;有的缺乏自信心,自卑感强,甚至"破罐子破摔";有的学习无目标,态度不端正,无心读书。

郭沫若在中学念书时就有几门功课不及格,但并不妨碍他以后成为一位著名学者;牛顿小时候智力很平常,班上成绩不好的学生总少不了他;发明大王爱迪生曾因学习成绩不良被拒于学校门外;法国的拿破仑读小学时成绩一团糟,大家都认为他没出息;英国前首相梅杰,十六岁就辍学了……这些在中小学阶段都被看做是平庸的人,后来却都成了世界上著名的人物。让我们摒弃对后进生的偏见,多给后进生一些爱心,让爱的阳光温暖后进生的心灵,让爱的雨露滋润后进生的成长,积极探索新方法和技巧,努力加强对后进生的转化教育工作,要相信:朽木可雕也,或许另一个伟大的人物就在我们的手中诞生!

(合肥六中　周明发)

四、尊重个体差异,走进学生内心

曾经教过一个学生程某,看上去是一个人见人爱的孩子。可是你无论问他什么问题他都是漠然以对,闷声不响,耷拉着脑袋摆出一副一问三不知的架势。记得在上第一节课时,我曾信心十足地当众点名要他回答问题,没想到他竟闭着嘴唇,眼睛盯着其他地方,就是不看着我,任凭我怎么鼓励,他就是一声不吭,任凭别人怎么劝,他就是不回答。

于是我下定决心,耐下性子,开始去认真地捉摸他,观察他,并试着去了解他的过去。

我渐渐地发现程某其实也很喜欢和同学们相处。一下课,只要老师不在教室里,他和同学们一样会玩、会疯、会笑,虽然话不多,但也时不时地蹦出几个字来。看到这个情景,我恍然大悟:"原来他会开口说话呀,只是看到老师害怕呀!"

经过了解得知,他其实是智力正常但心理有障碍的孩子。据他的父母介绍,在他上幼儿园之前,也是个活泼开朗惹人喜爱的孩子,问题就出在上幼儿园后。因为父母工作都很繁忙,于是就让他进了一所当地很出名的私立学校,对学生的管教也比较严格。他平时很顽皮,老师有几次将他关进"小黑屋"里面壁思过,而且吓唬他不许告诉父母,也就是这样几次关小黑屋的恐怖经历和无人倾诉的忧虑,他精神受到了摧残。他的父母带他去看过几次心理医生,但是,效果并不明显。医生说,要改变这个孩子目前的状况,可能需要很长一段时间。

怎么才能让这个孩子有所改变,慢慢变得愿意接受老师呢? 我想首先得让他明白,老师是关心他、喜欢他的。必须帮助他摆脱心中的阴影,和其他学生一样学会与人交往,健康地成长。

我设计了几个有趣的小游戏,希望能通过游戏增进与学生的关系,特别是对他,我要消除他的"戒心"。我刻意制造并等待着这样的机会。

又经过一段时间的了解和观察,以及与他父母的多次沟通,我对程同学的性格、习惯和爱好已初步了解,时机已经成熟。于是,在一次课余时间里,我有意坐在了他旁边,问了他一些课堂上的问题,他一如既往地不理我,这时候旁边的学生都嚷了起来。"那么,想参加的人请举手。"同学们齐刷刷地举起了手,唯独他腼腆地看着我们,一声不吭,我注视着他,旁边一个学生会意,于是不由分说地拉着他的手举了起来。他半推半就地参加了这个游戏……

在整个游戏过程中,他抑制不住兴奋之情,只是常常偷偷地看我一下,便连忙又把眼光转了开去。在游戏过程中需要两个人合作,我又十分"巧合"与他分在一组。一来二去,他已能与我对上话了。

第二天我又与孩子们玩昨天的游戏,他们很高兴,我也很开心。接连三天游戏以后,他看我的眼神已不再躲躲闪闪了。我的课一结束,他就会很期待地望着我。通过几次游戏,我渐渐地发现他上课时肯发言了,虽然声音还是非常轻,虽然他只愿意回答一些比较短、比较简单的问题,但是我知道,他已经做出了很大努力,已经算是进了一大步了! 但这仅仅是开始。

虽然上课已能回答简单的问题了,但他身上还有一个很大的毛病,就是动作相当慢,尤其是平时测验、考试,到了收卷时间,他甚至还有一大半未做。针对他的这个毛病,我再次找了他父母进行沟通,在说明了情况后,我希望他的父母能配合学校,让他在家里做作业时能像在学校一样计时,让他在平时培养起时间观念,有意识地训练他的书写速度,使他与同学们的差距逐渐缩短。然后我又找程某谈了几次话,告诉他老师认为他身上有很多优点,但就是因为动作太慢而影响了考试成绩。如果能改掉这个坏习惯,成绩一定会突飞猛进。

经过与他父母的联系,并且与他本人交谈以后,他做作业的速度明显加快了。比较显著的变化是：做作业的速度比以前有很大的进步，考试的时候也不再是最后几名了，有了明显的进步。

"世上没有两片一模一样的树叶"，"尺有所短，寸有所长"，个体的差异存在于每一个群体。对于一个班级来说，不得不承认的是，每一个学生都有他独特的个性特点，新课标提出教育应面向全体学生，这就要求我们班主任要尊重学生的个体差异，从而正确且全面地认识每一个学生的特点，因材施教。关于个性和共性，可从以下方面去思索：

1.正确看待学生的个性

每个孩子都是父母的掌上明珠，他们在不同的成长过程中难免会形成独特的个性。班主任不能仅仅根据成绩好坏或听话与否就去肯定和否定他们。其实每个孩子都是未经雕琢的璞玉，我们应该接受、认可他们表现出来的真诚，并且尊重他们的个体差异。

教师要宽容学生个性化的理解力和表达方式，鼓励学生思考不同解决思路，不同的解决方法。同时，还要不失时机地对有独特见解的学生大力表扬。当然，学生如果有不合常理的想法，要恰到好处地进行引导。只有这样尊重学生的主体意识，给学生发挥个性的机会，学生才能敢于表达自己的意见。

2.因材施教、百花齐放

人是千差万别的，人的发展是丰富多彩的。有的人喜欢数理，有的人爱好文学，有的人擅长抽象思维，有的人长于形象思维，有的人理论兴趣更浓，有的人动手能力更强。因此，班主任要不断满足学生发展需要，弘扬其鲜活个性，激发其内在潜能，让每一个学生都拥有创新品质，让每一个学生都自在成长，让每一个学生学会经营自己幸福的人生。

3.营造共性和个性共荣的班级氛围

首先，班主任要尊重学生。尊人者，人尊之，尊重是教育的前提。作为一个即将步入成年的社会个体，学生在人格上与教师是平等的，他们需要关怀，更需要尊重。

其次，班主任要公平对待学生。只要班主任不把学生分成三六九等，不对好学生偏爱、迁就，不对学困生嫌弃、厌恶，用爱去关心、体贴、尊重每一位学生，就能够让学生、班级每天都有新的变化。

再次,班主任要肯定和鼓励学生。渴望得到别人的肯定和鼓励,这是每个人都有的一种重要的心理需求,孩子更是如此。肯定、表扬和鼓励对他们来说非常重要。

最后,班主任要具备个别教育的能力。苏霍姆林斯基说过:"在教育集体的同时,必须看到集体中每一个成员及其独特的精神世界,关怀备至地教育每一个学生。既依靠集体教育个人,又通过对个别学生的教育来推动集体的前进。"这就要求班主任一方面要把握好班级发展的大方向大前提,努力通过集体的力量打造班级的共性特色和班级氛围,使班级整体进步,另一方面还需要结合每位学生的具体情况,以个别教育的方式,有的放矢地个别接触,一边鼓励他们个性的发展,一边创造机会让他们融入班级,共同为班级的整体繁荣做贡献。

教育从未像今天这样引人关注,也从未像今天这样受到那么多的责难。但无论关注还是责难,作为一名教育工作者,我们一定要着力培养孩子们勇于探索的创新精神和善于解决问题的实践能力。要尊重教育规律和学生身心发展规律,为每个学生提供适合的教育,促进每个学生主动地、健康地发展。

(合肥六中　陈万鹏)

第三章 创建一个和谐向上的班集体

第一节 班级制度的建立与完善

一、理解与宽容是教育成功的秘诀

时光流逝,不知不觉中我在班主任的岗位上又送走了一届学生。这里既有成功的喜悦,也有失败的遗憾。正如"教无定法"一样,我认为班主任管理也无定法。情感激励关键是一个"爱"字,即爱护、关心你的学生。"亲其师才能信其道",教师热爱学生、对学生寄予希望,学生在心理上就会得到满足,从而乐于接受班主任的教育和管理。

事情要从抓学生早上迟到说起。高三的学生很多因熬夜学习而导致睡眠不够,早上上学迟到现象每天都有发生。我由于心疼学生,有时候也就睁一只眼闭一只眼,可没想到迟到的学生越来越多,并且迟到的学生对于迟到也不以为然,甚至影响到正常早读。于是我按照班级管理条例处罚,有所改善,每天就两三个人迟到,其中包括翁某和王某。

有一天铃响了,翁某和王某背着书包急匆匆地跑进教室,我随口说:"别人都能做到不迟到,你俩就不行吗?为什么总要做个落后分子?明天再迟到,就让你们家长带你们来上学!"第二天我早早来到教室,担心他们迟到,万一他们迟了又没带家长来,我怎么办呢?把他们赶回家吗?正愁着的时候,翁某和王某来了,我一见到他俩,就说:"今天你们表现不错,只要你们思想上重视起来,你们完全可以做到不迟到,不是吗?"坚持了一周,周末我对他俩说:"你们可以做到一周不迟到,你们就可以做到两周不迟到,希望你们彻底与迟到告别。如果实在是起不来,我每天早上给你们俩打电话,你们看有必要吗?"两个人都说不必了。之后过了很长时间他们都没有迟到。

但是新问题又出现了。段考结束后很多学生希望我调座位,我想可能是因为彼此坐在一起时间太长,太熟悉了,上课好讲话,反而不利于学习,于是我就征求了同学们的意见,结果很多同学都有这样的想法。既然大多数同学都同意换座位,那就调整一下,大家想换个同桌换个心情我也能理解。我花了一周的时间考虑,最终按照我的思路调整了座位,结果没几天,翁某的同桌肖某和王某的同桌张某就来找我,说不想跟他们两位坐在一起。问原因,都说他们俩上课话多。我没有听信这两个男生的一面之词,于是就告诉他俩这是我有意安排的,因为这两个男生自制力强,学习优秀,希望他们能影响和监督翁某和王某,帮助他们改掉坏习惯,协助老师做好调换座位这个工作,就这样把两个男生劝走了。为了获取真实的第一手材料,我选择好观察点,每天在本班教室窗口、前后门外观察学生的上课状态,果然发现肖某和张某没有冤枉翁某和王某。在铁的事实面前,我把他们找来,刚柔并济地批评了他们,让他们意识到上课说话不但影响老师讲课还影响其他同学,更重要的是影响了自己,上课都不听讲的同学,课下再怎么下工夫也是白费。让他们明白在高三的最后时刻,谁能把握住自己谁就是赢家,不良的行为习惯只能是自己前进路上的绊脚石。从那以后,翁某和王某上课再也不随意讲话,且被同桌欣然地接受了。

为了增强学生的体质,督促学生加强体育锻炼,我校一直要求学生课间做操或跑步。有一天我发现翁某和王某又有了新动向,当全体同学都在认真地跑步时,他俩却趁我不注意溜得不见踪迹,别的学生跑三圈,他们只跑一圈。现在的学生都很"精",只要老师没抓住,往往不承认自己的错误。为了掌握证据,跑步时我故意晚出来一会,他们一见我没来,就又溜了。跑到第二圈的时候我出现了,跟着学生一起跑顺便检查了学生的人数,把他们俩逮了个正着。惩罚是必不可少的,偷懒两圈就罚跑四圈。其他同学都上课了,他俩还在操场跑步。跑完后他们俩走到我跟前,我问:"你们委屈吗?""委屈,你就盯着我俩,别人犯错误你都看不见,就我们俩倒霉。"我一听,原来他们根本就没有心服口服啊。于是我对他们说:"你们是班里男生中反应最敏捷的,悟性也很好,只要听讲,学习效率就会很高，但是你们在学习上却很少有所作为，主要原因就是你们的不良行为习惯和缺乏毅力，连跑步你们都不能坚持，学习就更不用说了。老师不是跟你们过不去，而是对你们抱有很大的希望，只有对你们严格要求，常敲警钟，你们才能克服自身的弱点，扬起风帆前进。"之后，两个人就像完全变了一样，遵守纪律了，而且学习也用心了。如今翁某和王某都如愿考上了大学，前几天，我分别收到了他们发来的短信，王某在短信上说："老师，我已经踏上了通往未来的旅程，此时心中感触良多，回首过往，您带给我们的欢笑与泪水让我永记心头，感谢您对我们的理解、宽容和不懈的督促，是它让懒惰的我硬着头皮学习，才有了今天的成果。虽然未来不可预知，但我会为了梦想义无反顾。谢谢您，我亲爱的老师，祝您万事顺心，生活幸福！"翁某在短信上说："本想深刻表达我的感恩和敬意，可是找不到合适的语言，只好简单地说一句：'老师您辛苦了，我们爱您！'"读着他们的短信，我心里充满了幸福，学生最终领悟了老师对他们的严格要求是出于对他们的爱，这种爱不仅着眼于学生目前的得失与苦乐，更注重的是他们未来的发展和前途。

作为班主任，我们一定要树立正确的学生观，学生都是可以教育可以塑造的。我们不能感情用事，用一成不变的老眼光看学生。难管的学生犯了错误，更应该动之以情，晓之以理，让他虚心接受你的批评，而不是去伤害他们的自尊心，这样更容易激发学生的反叛心理。只有走进学生的心灵，得到学生在感情上的接纳，才能更好地教育学生。这就要求我们在处理班务时还得懂得一些教育心理学知识，要进行换位思考，站在学生的角度上考虑一些问题，这样才能保持一颗理解的心，才能真正走进他们的内心世界。我也深深地认识到，班主任工作应持之以恒，尤其对学生成长过程中的点点滴滴，更应是任何时候都不能有半点松懈之心。因为教育工作本身就是一个复杂而持久的工作。而一个班级要长久保持和谐成长，就必须坚持每时每刻不能放松。

给学生一米阳光，虽然并不耀眼，但足以温暖学生的心灵。每个学生都是活生生的有感情、有思想的人，只要付出爱心，枯草也会发芽。总之，心灵的桥梁要用情感去架设，用尊重、信任、理解、宽容去充实。

（合肥六中　吴雪飞）

二、用爱照亮孩子前行之路

2008—2009学年度,我担任高一(3)班班主任工作,在下学期刚开学不久,就有一个名叫周某的学生频繁请假,不能来上课,而且还与生物老师[高一(4)班班主任]发生矛盾,说生物老师向他催要作业,是幼稚可笑的行为,以后他不做也不会交生物作业。这时,我已意识到这个学生有问题,而且很有可能问题还不小。

通过与他家长联系,了解到他的一些家庭情况以及他本人的情况,情况很糟糕。家庭的经济状况较差,父母很早就下岗,母亲在做钟点工,父亲在外地工地打工,很少回家。孩子本人很内向,没有什么朋友,爱待在家里,初中老师曾跟家长说过这个孩子思想有问题,所以,家长很少批评他,怕他想不开。近期这个孩子频繁请假是因为他经常整夜整夜睡不着觉,他母亲也不知道什么原因,问他他也不说。

此时,说实话,我除了担心、难受、焦急以外,也不知道怎么办,只能多关注他。

这期间大约是五一节前一个星期,他又连续两天没来上课,打他家里的电话,他又拒绝接听,在与他母亲联系中得知,他母亲毫无办法而且也因生气打算离家出走几天,在做通让他母亲回家的工作以后,考虑到马上要放"五一"长假,如果第二天他还不能来上课的话,很可能节前整个一周他都不会来上学,这样下去,他落下的课程就太多了,以后很难补起来,也有可能就此辍学,因此决定晚上到他家里找他谈谈。

晚上8点多我到他家的时候,他母亲很感动,跑了几户邻居要点好茶叶,给我泡一杯茶水。周某本人更是吃惊,完全没有想到我会找到他家。在与他谈话中,能够感觉到他很内疚、不安、无助,但仍然没说不上学的原因。晚上10点多,我离开他家。

第二天,当我看到他坐在教室里上课时,心里才有了少许的放心,同时又安排我们班长与他做同桌,私下要求班长多关心他,多与他交流。

过了大约一个多星期,有一天,他突然找到我,对我说,他不想上学,不想走进这所学校。我很吃惊。在我的一再追问下,他终于说出原因,原来我们隔壁班级[高一(4)班]有一群学生给他起了一个很难听的绰号(他自己不愿说出是什么绰号),而且是只要一见到他,不管在什么场合,在他经过高一(4)班教室、在操场、在厕所、在校门口甚至在公交车站等车时,他们会在一个学生的带动下,整齐划一叫起他的那个难听的绰号,他快要崩溃了。听到这里,我的心里既心疼又气愤,我终于搞清那个折磨他整夜整夜不能睡觉,以及与生物老师[高一(4)班班主任]发生冲突的原因。当时我的第一感觉是,这种精神的折磨对于周某来说太痛苦了,立刻对他说:"这事交给我,我保证给你一个满意的答复,以后遇到你解决不了的事,一定不要闷在心里,应该及时地告诉老师或家长,大家一起想办法,否则自己会很辛苦。"

接下来,应该怎样处理此事呢?

首先,我把此事及时地向政教处汇报,取得政教处同事们的帮助,因为我也带高一(4)班的政治课,对这个班的学生比较熟悉,在征得政教处吴主任同意的情况下,由我来处理此事。

其次,我找了4班学生中比较容易与老师沟通的估计知情的两个学生了解情况,他们告诉我,那个绰号极猥琐,叫"小便男",而且是在军训时开始,是一个名叫张某的学生起的,平时经常带头叫的学生大约有3名。

第二天放学,我把以张某为首的3名同学叫到办公室了解情况。一开始,他们不承认此事是他们做的,后来发现我对整件事非常清楚,也赖不掉,就认了。但是,是一副无所谓的样子,这种态度一下激怒了我,我几乎是咆哮地喊出我的心里话:"你们以为这只是开开玩笑,找找乐子,很开心,你们知不知道周某很痛苦? 想一想,如果你们是他,在你们到过的每一个地方,都有人在叫你最怕听到的绰号,你会怎么样? 你会不会疯掉? 他现在就是整夜整夜不能睡觉,害怕见到你们,不能正常到校上课,现在他有了辍学的念头,再这样下去,你们会把他逼疯,甚至会把他逼死,这和用刀子杀人没什么两样。这也是一种犯罪。"这3个孩子或是被我的神情吓着,或是被我的一番话吼醒,立刻很紧张,很害怕,其中一个孩子眼睛里有泪水在打转。这时我知道,其实他们也只是孩子,此事是无聊之举,并非有心害人,也不能给他们太大的压力,只要能达到教育他们认识到错误,以后不再犯类似的错误的目的就行了。于是,话锋一转,说:"看你们现在很后悔的样子,就知道你们是善良的孩子,原本只是开玩笑,没想到给别人造成那么大的伤害。我也不追究你们的责任,趁现在,后果还在我们控制的范围内,赶紧想想办法,怎么补救?"3个孩子很真诚地说出他们的办法。这些办法正是我想让他们做的,即诚恳地道歉,以后不再叫绰号。我还向他们提出一个要求,让他们私下里,在班级做工作,不允许其他同学再叫。否则,我会新账老账一起算。

晚上,我打电话把处理的结果告诉周某,尤其当我告诉他,这3个学生对他们自己的行为感到很后悔,其中有一个学生都流泪了的时候,即使隔着电话,我也能够感觉他轻松了许多,像是把一块很重的石头从他身上搬开似的。事情如我预期的那样,很快就解决了。久违的笑容又重新挂在周某的脸上。

通过这件事,我感觉到班主任在管理班级的时候,不仅仅是制定一些条条框框的制度来规范、管理学生的行为,还应该真诚地为他们服务,帮助他们排忧解难,让学生感觉到班主任是值得他们信赖的人,也是真正关心他们的人。

我常常引用一首歌的歌词对学生们说:"因为爱着你的爱,因为梦着你的梦,所以牵挂着你的牵挂,幸福着你的幸福",我工作的目标是"你们开心是我最大的快乐!"

(合肥六中　严荣琼)

三、用智慧巧解迷局

高一第一学期开学一个月后,第一次段考成绩下来了。各班级总平均排序表拿到手,一看,晕——28班第27名,倒数第二! 不少学科都是倒数。真晦气,开局就如此不利!

"这个班老师教书肯定不行!""怎么把我们孩子教得这样差?""这个班主任肯定也不咋的,怎么她带的班考这么烂!""找学校去,找他们校长,换人!""我们班老师是不是水平比别班低?""这些老师能不能教好我们啊?"我脑子里仿佛已经响起家长、学生纷纷指责的声音,眼前仿佛出现他们一个个怀疑的眼神。我似乎看到隐藏在总平均排序表后的重重危机。

才开学一个月,教师教学不可能不认真,班级纪律也没问题,课堂上孩子们都安安静静的听课,作业也都交。怎么回事呢? 又该怎么办呢?

直接批评学生学习不努力,学习能力不高,不能尽快适应高中课程?恐怕会激起家长学生的反感,认为我们在转嫁责任!跟他们说我班教师的教学的确有问题?(反正我的语文考得很好)那不缺德吗?以后工作还怎么展开?哪个同事还愿意跟你合作?不管,随它去?那以后你说的话,学生还听吗?你的工作家长还能支持吗?左右都不行,怎么办?似乎是个困局!

好吧,这么办!

立即开班会,先客观分析成绩,然后跟学生说只是一次摸底,考好考坏没关系(这是要鼓舞士气),但关键是要搞清楚我们的分都是怎么丢的,出于什么原因,(开始解决问题)。每个同学都要做这些事:对照每科试卷仔细分析丢分原因——会做但因为马虎而错,丢分;老师讲过但自己没掌握好而做错,丢分;老师没讲过自己也不会做,丢分。然后学生要分学科写分析报告,列出表格,计算出各项分值所占比重,并和家长一起商讨解决问题的对策,最后让家长签字交给我。

这样做,目的很明确:①查明原因;②找出对策;③消除疑虑。

收上来一看,果然,几乎所有学生分析结果都是一样的:第一项比重最大,第二项次之,第三项最小也极小。行了,问题解决了。这个分析报告让家长和孩子们都认识到问题出在孩子们自己身上。教师没问题。我这个班主任?当然也没问题!在家长会上,我将这些分析结果汇总反馈给家长:"丢分的主要原因,一是粗心。这反映在平时看书写作业就比较马虎上,考试时心里又有点紧张,对策就是平时看书写作业就要要求自己专心,专心才能细心,养成习惯考试时才不会再犯粗心病。二是老师讲过但没掌握好。这反映出课后巩固不够,对策就是个人根据自己情况加强课后复习工作,有难度的题目要在老师讲过之后自己再做一遍。"此外,建议家长积极与科任教师沟通,帮助孩子更好掌握高中课程,特别是数理化的学习方法。

结果,家长、学生对教师的疑虑消除了,对教师更加信任了,教学秩序稳定了,家长与教师的沟通与合作加强了。危机来临,智取,完胜!

让学生分析试卷写报告的方法之所以奏效,是因为长期的工作经验告诉我:学生考试失分原因无非这三种,而大部分学生在考得不好的情况下,一般都不会认为自己水平低、学习能力不高,而会归因于自己粗心没发挥好,家长也不会认为自己孩子笨学不好,而是相信自己孩子的分析。我就是抓住了学生、家长的这种心理来采取应对措施,以柔克刚,取得成功。

客观说来,此次段考失利,也暴露出我们工作中存在的不足,那就是对学情认识不够,导致一开始对学生的学习抓得不够紧,教学方法也不太恰当。

2009级学生是合肥六中扩招后录取的第一届三校联招生,生源质量整体下滑,学生的学习态度、学习能力、学习水平都不如扩招前,彼此差距也很大。老六中的老师对教这样的学生缺乏经验,新六中的老师又以为六中的学生远远好过以前二类学校的生源,都以为只要把学习要求、方法、规范都在课堂上讲到位即可,不需要再像以前一样盯得那么紧。于是,新老六中的教师对刚入学的这一批学生课后都缺乏强有力的督促检查,而课堂上对教学内容处理得可能又不够细致,因为都高估了他们的自学能力和学习自觉性。而事实上,据家长反映,还有不少学生仍然抱着考前再突击的想法,根本没有认识到初高中的学习有着很大的不同;甚至有许多孩子都有熬过初三炼狱现在要享受高一天堂的想法,因而就有不少学生在没有家长检查签字要求的情况下,做作业马虎不认真,保量不保质。开学时间不长,各科所学内容不多,作业也不多,晚上回家把作业做完后就没事干了,要么早睡,要么混混再睡,很少主动学习。(这就是为什么有那么多的学生因为粗心或掌握得不好而丢分。)而这与扩招前的六中学生有很大不同。可见,在学生刚入学,在大部分学生学习的自觉性、自主性还没有养成的情况下,老师、家长放手要有个渐变的过程,一开始恐怕还是要家校联合,加强督促检查。课堂教学中老师恐怕也要更加慎重处理教学的重难点,不可低估当然更不能高估学生的实际学习能力。总之,面对新学情,要有新思路。

班主任的工作既繁又杂,而熟悉学情、为学生提供恰当的监督指导、化解矛盾、保护教师、消除家长学生的疑虑、赢得他们的信任与合作,这些恐怕是班主任工作中的重要内容,要做好这些,就要用心、用智慧。

(合肥六中　张文婷)

第二节 班干部队伍建设(我是小小服务者)

一、班干部队伍建设

新学期开始了,校园又热闹起来了。孩子们都兴高采烈地进入了新的班级。望着一个个崭新的面孔,一双双求知的眼睛,班主任的工作会骤然紧张起来。我们的首要问题就是建立一个强有力的班干部队伍。对于还不太了解的班集体,我们班主任怎么展开工作呢?

我通过学生的入学信息了解哪些同学在小学、中学担任过什么样的职务,同学、老师评价如何等第一手资料。我还通过百度把每个学生百度了一次,也获得了不少有用的信息。小手段也可以有一些。学生第一次进班时,我提早在讲台上放了一把扫帚,很多同学都熟视无睹,可是吴同学却把它放到了卫生工具栏里,还整理了卫生工具,这体现出她是位用心的学生,也乐于为大家奉献,我就推举她为生活委员。(事后证明,她非常胜任,得到了同学们的认可。)综合各方面条件,首先把临时班委组织起来,保证班级正常运转。在临时班委会时期,与学生多接触,去分析、去发现哪些同学适合担任班干部。班干部最基本的要求是"以身作则、尽职尽责"。班干部要管理好班级,首先自身素质要高,思想作风一定要正派,要有一定明辨是非的能力,要求别人做到的,他自己一定要做到,要严于律己,宽以待人。一般情况下,通过一段时间的工作,大部分班干工作能力会逐渐展现和提高;得到同学们的认可,通过人员和班干职务的适当调整,班集体的骨干力量便会以集体形式展现出了。

一届班委会形成了,有了班长、副班长、学习委员、生活委员……这时候班主任就要对班干部队伍进行指导训练了。我班班委会成立后,我就把如何做好班集体这个问题给了他们。在新的环境中,这个新问题有点不易。我就指导他们从制度入手,确立了班规。如何去落实?我们一起确立了量化管理方案,既考虑日常规范,又考虑到成绩变化,孩子们考虑得很详细我也很满意。我又再次提问,如何做好后程管理?学生们又设计了家长班级联系单,把每周的表现以班级通告形式告诉家长,并且要求家长填好回执单下周一带回……他们渐渐能着手班级管理,成为班主任的小助手。

高一时,学校进行了一次篮球赛。我班实力很强,孩子们都信心满满要拿冠军。可是在半决赛时,一分之差,意外出局。孩子们很失落。就在我准备就此开一次班会给他们鼓鼓劲时,班长却提前来找我,说班委会想自主开一次班会,我同意了。周一班会由班委会主持,班主任不参加。我在走廊中忐忑地等待班会结束。学生们开门了,我看到了我希望看到的。事后了解到了班会的内容。班委会通过这次篮球赛的失利,找到了班级目前的不足,就是坚持性不强,有种莫名的自满情绪,有些同学对自己要求不高,团队合作不够理想。篮球队的几位同学更是反省了自己。据说,几位男同学竟然流泪了。一位女同学因为没有去现场加油,竟然也是后悔得流泪不止。大家都决心把这次篮球赛失利作为以后学习的动力,用自己的勤奋去创造卓越!这些,班委会做的这些,可能是班主任都未必能做到的。我很感动。班委会在这些活动中也树立了威信,锻炼了能力,渐渐地把大家团结在班级的大家庭中。

班干部的工作也需要考核,关键是在平日及活动中是否做到"以身作则、尽职尽责"。这种考核不仅对班干部是一种督促,更可以增强班干部的责任心。对于做得好的班干部要及时表扬,不断树立他们的自信心和工作干劲,不断提升他们的工作能力和水平。黄某是班级的副班长,可是很长一段时间班集体中很难见到他的身影。在班委会考核中,大家对此有所异议。我利用下课时间和他进行了交流。班干部不光要做好自己的事情,班干部更要为班级管理服务、为学生学习和生活服务。只有树立了正确的"服务"理念,班干部的工作才是有效的工作,才能得到同学们的认可,才能得到更广泛的支持,才能够不断提升自己的组织和管理能力。学生在高中阶段有个志愿者活动。这牵涉到联系活动单位、安排活动时间、组织学生集体活动等等环节。副班长黄某主动领取了活动安排的任务。《合肥晚报》2010年3月14日以图片《冒雨拾垃圾》刊登了我班孩子的这次在杏花公园的志愿者活动。他带领几个积极分子,利用休息时间,积极主动地联系在附近的单位,在多次洽谈后确定了地点。然后组织班级同学在雨中参加了这次志愿者活动。最后,一份翔实的工作方案交给了我。看着实践单位很满意的评价后,我对他的工作能力再次刮目相看。

我还要求班干部要学会分享和创新。在分享中,总结经验教训;在创新中,提升能力方法。语文课代表在收发作业等方面让同学不满意,我就让这方面工作做得很好的英语课代表和他分享工作方法。鼓励连任的班干部和新当选的班干部分享工作经验教训,使整个班集体运转更顺利。对于班级中的一些新问题,我也是非常乐意接受孩子们的创新想法。比如,高二暑假,如何去监督和管理学生的学习情况呢?孩子很是创新地提出小组管理、集中检查的方法。把全班分成六个小组,每个小组确定自己的学习材料和学习任务、计划,上报给班主任。我只需根据每个小组的计划按时来学校检查作业完成情况即可。这个方法很好,既有集体安排又落实到个人,大家通过一个假期的努力,在开学的几次考试中成绩明显提高。

前些年有一部脍炙人口的电视剧《亮剑》,李云龙用五挺机关枪换来的骑兵连连长孙德胜,在敌人重兵包围中,一次次喊出:骑兵连,进攻!带领整个骑兵连打出了中国军人的骨气!在被孙连长感动的同时,我们也为李云龙能够认识和任用这样的干部喝彩!毛主席说过,必须善于使用干部。领导者的责任,归结起来,主要是出主意、用干部两件事。班级管理中,班干部选择和班干部队伍建设也是我们班主任必须重视的。现代教育理论告诉我们,要组织一个成功的班级,班主任首先要选择一些品学兼优、责任心强、身体健康、乐意为同学服务的学生担任班干部,并根据他们性格、能力的差异,安排相应的工作,尽心地进行培养和教育,使之成为同学的榜样,带动其他同学不断进取。班干部是班集体的核心,是班主任的得力助手,是联系教师和同学纽带,是形成良好学风、班风的重要因素和有力保证。在班级管理的过程中,班主任是导演,学生才是演员,班主任要把班级管理的主动权交给学生,让学生以主人翁的姿态参与班级管理,让他们在集体中当家做主,让更多学生有机会锻炼。在班级的创建和活动的组织上,要让每个学生都参与班级的管理活动,通过环境的创设,责任感的培养,势必会让每一个孩子在参与班级管理、参与班级活动的过程中享受成功,提升自信发挥潜能,让他们去品尝成功的快乐,享受成功的喜悦。让我们去倾听学生的心声,真诚地欣赏学生的长处,赞美学生的优点,这样就一定能够带领学生,完善人格,走向人生的新境界,从而形成一个和谐向上的优秀班集体。

(合肥六中 李刚)

二、加强学生干部队伍建设 构建班级自主管理平台

传统班级管理是以教师的绝对权威和完全控制、学生被动接受和绝对服从为特征的一种管理,随着教育理念和教育实践的不断更新,这种模式的缺陷越来越显现出来。那么面对全新的受教育对象,如何跳出教师身心交瘁而班级管理却一塌糊涂的怪圈,切实提高班级管理效率,成为每个班主任必须面对的问题。积极为"学生自主发展"搭建平台,是当前班级管理工作中值得研讨和开展的问题。"学生自主发展"的管理模式是在面对日益激烈的社会竞争,需要提高学生的自主学习和自我管理能力的要求下产生的有益尝试。

但是现实的问题是,这种模式在理论上的完美和实际执行上的难操作给班主任提出了极大的挑战。因为毕竟作为学生来说最大的弱点就是意志上的薄弱和耐力上的短暂,所以如何让学生实行自主管理的确是个难题。

根据我班的实际情况,我考虑到先从班委干部做起,培养学生干部自主管理的能力,让班委干部成为班级管理的核心。首先,选举一批优秀的班干部并制定严格的管理制度;其次,班主任要大胆放手,把班级管理工作交给班干部,鼓励他们敢想敢干,敢抓敢管。针对以上两方面的要求,我从以下几个方面着手:

(一)认真做好班干部的选拔和培养工作

1.自身的表率性

作为班集体的优秀人物,无论在学习上还是纪律上都应当成为其他同学的表率。班干部就是凭借着这种优势让同学们对他产生敬畏之情,这样班干部的威信就产生了。

2.工作的主动性

班干部在工作中要做到"勇"字当头,性格刚毅的班干部做事干净利

落,给人清新明快的感觉,这样的班干部是同学们乐于接受的,有勇气、有魄力本身就是一种威信,勇敢是一种气质,勇敢的人从不选择逃避责任,做事自信、果断,在任何时候都敢于批评违纪现象,且从不害怕得罪人。

3.性格的开放性

作为班干部,不得不和更多的同学教师接触和交流,因此,开放的性格将有利于班干部工作的开展和自身能力的提高,特别要注意以下三点:一要放下娇气;二要避免小气;三要杜绝霸气。

4.处事的可信性

可信性就是指信用和信誉。班干部应该做到诚实守信,这是最基本的要求。这样才会给同学一种可靠可信的感觉,从而提升自己在同学心目中的地位。

(二)班干部自主管理核心作用的具体表现

1.班委会是完成和落实班级各项工作的核心

按照学校和年级班级德育工作的计划,每阶段都有工作重点,学校领导每周都要布置该周所要完成的各项工作。班长参加了德育处每周例会后,第二天就会召开班级干部例会,传达学校班长会议精神和要求,然后针对每一项任务进行讨论,分工落实。例如黑板报的宣传工作,宣传委员明确宣传的中心和要求及完成日期。她发挥宣传干事的作用,做好约稿、排版等准备工作,按时保质地完成。每周十分钟队会,以小队为单位轮流进行,小队就会和所在本组内的中队干部一起商讨队会的内容、发言的对象。主题班会的召开也是如此。先是班委干部确定主题,然后再讨论如何进行,再安排人员具体操作,最后督促落实。这些会议都由班长主持,被落实内容的人员由班干部负责通知和做工作体现了班级自主管理的核心作用。

2.课代表是各科学习管理的核心

在班级学习管理中,课代表的作用不能忽视,他们是学习管理的核心。同学们每天一到学校就要交作业,这时课代表就忙开了,收发作业,统计名单,汇报给任课老师,还要督促不交作业者补做。对学习有困难的学生,课代表就是他们的辅导老师。课代表还是任课老师的助手,他们每天把当天的作业和第二天要检查测验的要求或第二天需要带的学习用品等内容抄写在黑板上,供同学们抄备忘录。对各学科该背诵、该默写的内容,课代表会协助老师查阅,帮助同学一起"过关"。课代表是老师的助手,是同学的助教,是班级学习管理的核心。

3.值日长是日常教育管理的核心

本班还建立值日长制度,担任值日长的是班内中小队长干部。每两周轮换一次。值日长就相当于班主任,他要记录一天来班内所发生的事情,有表扬的,有批评的,以便开展点评工作。值日长要督促同学下课文明休息,提醒值日生擦净黑板,保持环境整洁,教室无人时,要与负责锁门的同学一起关好教室的门、灯等。班级发生吵骂甚至打架之事,值日长应及时处理,帮助解决。对错误严重的同学,放学后由值日长和班主任共同处理,甚至还可以让值日长直接与家长联系。这样在实践中提高值日长的管理能力,使值日长成为班级日常教育管理的核心。

积极构建班级自主管理平台,让学生有更大、更多的自主学习和发展的空间,同时还将班主任从繁杂的班级管理事务中解放出来,当然这种解放不是放任不管,而是放下琐碎的细活,将更多的精力和时间投入到整个班级的宏观管理和个别关注上来。在宏观管理中实现个别的健康发展,在个别关注中做到宏观的适当微调,从而实现对整个班级的动态管理,为学生主动学习、健康生活和全面发展创造更好地环境。

(合肥六中　张选军)

第三节　班级主流文化的构建与内化

一、挫折教育,心痛的选择

高二下学期的某一天,副班长邹平的爸爸、妈妈神色匆匆地来到我的办公室,让我很是诧异,因为我也正要约谈他们。邹平的爸爸是某单位保安,妈妈是一家杂志社的办公室主任、发行副总,两人平时都忙,孩子主要由奶奶照顾。历次家长会也都是先请假,回头再电话咨询。所以此次夫妻二人不请自来而且神色匆匆,我判断可能发生了非常之事。

果然不出所料。坐下来后,孩子的母亲开始了叙述:早在高二分班后,邹平就发生了明显的变化:选择文科,主要是自认为文科不难,尤其政治、历史、地理等学科,只要考试前强化背诵,考试过关是不成问题的。更要命的是,初中学习过程中,初一、初二的成绩都很烂,初三开始强化,拼了大半年,居然过了三校联合招生的统招线。所以,他自认为自己很聪明(包括选科),坚持认为学习不过如此,高三再拼一下,上个二本没问题。所以从分科上课开始,他课余时间基本上没有学习过,每个星期有三个中午不回家(为方便上学,租房在学校附近,步行10分钟可以到达),现在已经确定他中午在女人街某网吧。回家的中午,匆匆吃完饭后,就拿起掌上游戏机。晚饭后在书桌前待上个把小时就出去,经常到半夜才回家,最晚到2点钟。

我很奇怪:首先,作业、复习时间很短,但作业正常完成,说明听课效率很高;其次,掌上游戏机、长期泡网吧需要花很多钱,来源何处;最后,家长早就发现,是没有制止,还是制止无效。其实在此期间,学校组织的大规模考试有四五次,总体成绩呈快速下降趋势,但我任教的地理学科,他的成绩每次都很突出,稳定在班级前列,甚至首位。现在的独生子女经济来源主要是过年时的压岁钱,以及爷爷奶奶、外公外婆偷偷摸摸塞的钱。由于过于信任他,现在成为他放纵的资本,还理直气壮地说那是他自己的钱。邹平的爸爸是独子,到他这一代又是独生子女,不仅爷爷奶奶、外公外婆宠溺他,邹平的爸爸也过于溺爱、纵容他,夫妻俩在孩子的教育上分歧较大,但最后还是爸爸的做法占了上风。他自从迷上上网、游戏后,基本不与父母交流,需要什么东西时,就用纸笔代替。父母急了,说他两句,据说他回答:"我已经年满18周岁,属于成人,你们管不到我了,我对自己的行为负责任。"

邹平的妈妈是非常要强的人,对儿子的期望很高。不到不得已的地步,他们不会这么着急,更不会"家丑外扬",来找老师谈这种事。我与家长认真分析了目前的状况:孩子的接受能力、理解能力、考试能力都较高,初三后期的努力与中考的"成功"成为他现在放纵自己的理由。由于家庭交流不畅,孩子(虽然18周岁了)缺少及时、有效、适当的赏识,而声、光、形皆备的网络游戏很容易使这个年龄的孩子沉迷。奶奶对孩子的溺爱加上孩子本身的自制能力不强,没能把他从网络游戏中拉回来。

之后,我们一起商讨办法。强制性措施只能适得其反。鉴于邹平目前与父母、家庭之间的关系很淡漠,父母的举措很难起到作用。我决定从学校方面来努力。

第一,请牛校长亲自出面,找他谈话。牛校长曾经是我们班的语文老师,对邹平比较了解,也比较欣赏。接受任务后,牛校长多次利用早读课巡查和课间操时间,主动到班级(避免被请到校长室而使孩子产生一定的对立情绪),坐到孩子座位上与他沟通,虽然是个大小伙子了,但校长这么平等地与自己对话,他还是诚惶诚恐。

第二,请相关老师出面,帮助提高学科学习。邹平问题最大的学科是英语,他已经将英语学科视为自己的死敌,并给自己制定高考战略计划:放弃英语,定位二本,认为凭自己的智力和原有的资本,应该能够实现这个目标。由于降低了目标,他放松了对自己的要求,并借口玩游戏可以学英语而深陷其中难以自拔。当我将这个情况与英语方老师交流后,她说,邹平的语言能力还是比较强的,但是怕吃苦,难持久。只要他能配合,自己愿意多花时间盯邹平。从此,每节外语课前后单独布置任务并检查,上课过程中随时提醒。而且英语老师还主动提出,自己中午常在学校,要求邹平每周至少两天中午到她办公室,接受单独辅导……从单词、语法、句型讲起,慢慢积累、提高兴趣。

第三,我自己也加强监督、管理。网络游戏对青少年的吸引力真匪夷所思。2012年初春的一个下午,邹平没来上课,电话询问家长,他妈妈说中午家里就奶奶在家,早上离开家到现在没回来,极有可能在离学校不远的某网吧,她曾经在那里找到邹平。鉴于家长多次闯网吧无果,我决定尝试一下。仔细询问过位置后,我来到那个网吧。一路上想过种种假设,如果找到他,他不理我怎么办,若他与几个坏孩子一起攻击我怎么办。其实那个网吧的环境还不错,面积大而开阔,并没有想象中的乌烟瘴气,一圈走下来,在中间位置上发现了他,轻轻地走到他身后,尽然有点哽咽:屏幕上炮灰连天,人头攒动。电脑旁一瓶饮料还剩个底,一份盒饭放在边上丝毫未动。我站了有十来分钟,他毫无知觉。但让我感动的是,我轻轻地拍了拍他的肩膀,他一句话也不说,站起身来收拾一下,跟我离开网吧。在旁边的一个小饭馆,我陪他吃了一点,聊了整整一个下午。网吧里我发现需要身份证才可以进入,第二周我要求所有学生将身份证交由我保管,以避免高考前遗失而影响高考。第二天负责收取身份证的班干部过来说,除邹平外,其他人的身份证全部收齐。这本在意料之中,但意料之外的是,邹平随后跟进办公室,面红耳赤地大声吼叫:"你凭什么收我的身份证,你这是违法行为,我要去告你。"当时那个气呀,就想上去踹他一脚,但还是心平气和地说:"小子,你很聪明,识破了我的计谋。要不这样吧,还是不要特殊化,不就是个游戏嘛。要不咱们来个君子协定:身份证交给我,高考成绩达到二本,6月份合肥市面上最好的手机或游戏机随便选一款,我作为礼物送给你。"一来物质激励,二来带点嘲讽,对他的自尊产生了很大的挑战,犹豫了一下,他沉默了。第二天,他将身份证主动交给了我。

多管齐下,最终目的并不是要将他送到大学,而是要他回到正常的学习轨道上,静下心来,为2013年高考做点积累。较低的目标,对自己的放纵,基础知识薄弱,未能进行常规的考前训练,虽然最后一个多月有所改变,但回天乏术⋯⋯最终高考只有496分(三本512分)。6月24日高考成绩发布的当天下午,他与另外一个考试失常的学生一起来到我的办公室,一个大男孩,一把鼻涕一把泪,检讨自己的狂妄,感谢老师的教诲,并咨询复读事宜⋯⋯

男孩子在成长过程中常会遇到种种挫折,尤其是个性较强的男孩子。我希望他们在学校里经历一些挫折,将来走上社会可以更顺畅。邹平的复读之路会很艰辛,但如果他真能醒悟过来,用一年时间拼搏一下,最终收获的将不仅仅是高考的成功。只是这种代价让人心里有点痛。

(合肥六中　卫世付)

二、在形式多样的活动中,建设班级的主流文化

一个班在组建之初是很松散的。怎样在较短的时间里形成一个学风浓厚、班风淳厚的具有战斗力的集体,这是班主任必须面对的一个课题。我认为在班级组建之初,要抓住时机开展形式多样的学生活动,在活动中力争并维护班级荣誉,增强学生的班级认同感,慢慢形成并建设

班级积极向上的主流文化。如果一味地谈学习、追求成绩，则适得其反。

2005—2006学年度，我担任高一（10）班班主任。刚开学，学校接到市教委通知要组建校合唱团参加市合唱节的比赛活动。团委积极行动起来，先在校内以班级为单位组团搞一次选拔赛。我抓住这次机会，在选拔赛之前对学生加强训练，领唱、轮唱多种合唱手段的运用，激发学生参与彩排的热情，最终在校内比赛中荣获一等奖。之后为了便于管理，学校又决定以我班学生为主体选派22位同学组成校合唱团，代表学校参加市里的比赛。学生的积极性再次被激发了起来，没有被选进合唱团的学生主动承担班级卫生等工作，为参加合唱团的同学在课外时间参加训练提供机会；参加合唱团的同学训练也非常辛苦，午饭后要训练，下午放学后要训练，有时很晚才能回到家，再加上刚上高一的学习压力，学生真的很累，但他们咬着牙坚持了下来。国庆前市里的比赛如期举行，最终我校的合唱团获得了二等奖，在市属中学中名列前茅，为学校争得了荣誉。在庆功会上校长给予了高度的评价，整个班级的学生引以为荣，以能在高一（10）班学习为荣，增强了班级的认同感。

接下来，我班又承担了迎接德国校长来校参观的文艺演出。班委动员组织全班力量来举办这次演出，同学们各亮绝活。经过筛选，节目确定为中国民乐二胡笛子协奏曲《木棉新歌》、小提琴独奏《梁祝》、葫芦丝独奏《月光下的凤尾竹》、火辣热烈的拉丁双人舞和上次参加市合唱比赛的曲目。节目兼顾东西文化，展现了中国当代中学生的风采，得到了国际友人的高度赞扬。德国的校长们现场与学生们用英语进行了沟通交流，会场高潮迭起。

如果说上次的比赛不少学生还处于一种被动状态，那这次的接待活动已经是班委组织学生积极主动地开展活动，展现了集体的力量。可以说这些活动既让学生产生了集体认同感，形成了以班委为核心的一个集体，也培养出一些优秀的个体。张也夫同学在校合唱团中担任领唱，嗓音浑厚，在这次接待活动中担任节目主持人，之后一发不可收拾，高中三年一直担任学校的大型活动的主持人，后来还考上了中国传媒大学学习主持。

自此之后，我班学生更加积极地参加集体活动。

紧接着机会又来了。

合肥市电视台一档中学生谈话节目组联系学校要进入学生课堂录制一期节目，主题为"高中学习和生活"。因前两次活动中的成功表现，校长决定还是由我班来承担这个任务。学生知道后都非常兴奋，但我还是担心学生完不成任务，叮嘱他们要为此做好充分的准备，班委要做好预案。在节目组初次和学生的接触的预演会上，学生围绕主持人设计的话题展开激烈的讨论，编导人员也对学生提出了具体要求和改进措施。这次会后学生在班委的组织下分配了任务。第二次就一次性录制成功，节目组人员非常满意，说班级的组织工作做得很到位。播放后取得空前的好效果，学生尝到成功的喜悦。这次活动无形中加深了学生对高中学习生活的理解，为学生后面的学习生活做好思想上的准备。

之后的校秋季运动会，学生们为了班级的荣誉，积极报名参加，优化组合，最终取得全校总分第一的好成绩，这样的好成绩可以说是预料之中的。

高一结束文理科分班，我班总计有32位同学进入文理重点班，学习上取得了骄人的成绩。

高一新班级成立之始，初高中的衔接、高中学习生活良好习惯的养成、班集体的成立等无不与班级主流文化的建设有关。开始时班主任的说教固然不可少，但要学生把积极向上的思想内化为学生自己的行动，我认为最简洁、最有效的方法就是适时地开展一些积极有意义的能吸引学生参加的活动。在参加活动的过程中，学生个体之间产生多向磨合，学生个体的学习生活习惯与班主任倡导的班级主流文化之间产生磨合，逐渐产生一个强有力的贯彻核心——班委。在活动过程中，为了班集体的荣誉，学生积极参与，人人努力，形成一股势不可挡的力量，我想这就是班级主流文化形成的基础。

这样，这个集体慢慢地就有了明确的共同奋斗目标，有了健全的组织，有了团结一致、富有权威的领导核心和骨干队伍，有了统一的班级常规和严格的纪律，形成了正确的占主导地位的班级舆论，形成了团结友爱的同学关系。总之，最终定会形成一个思想活跃、积极向上、团结友爱、学风浓厚、班风淳厚的班集体。

这样的班集体一定会是一个有战斗力的班集体,班级学生的整体成绩也必然会很好,这个班集体也一定会走向成功。

(合肥六中　潘言章)

三、学生"早恋"?——不可怕!

高三下学期刚开学的一天,某位老师告诉我,前一天他看到我班的小H和小Z牵着手在逛街,表现得很亲密,可能是谈恋爱了。我将信将疑,因为其他同学告诉我,他俩关系一直不错,跟"哥们"一样。我私下分别找他们谈了一次,他们都表示这是一个误会,没有的事,并保证会抓紧时间,在最后半年努力拼搏。可是几天后,中午我在去图书馆的路上,经过学校小花园旁边时,居然看到他们俩搂抱在一起,想到他们在周记上的保证,我很生气,喊出一句:"跟我去办公室!"

我刚走到办公室,他们就跟了进来。小H哭着道歉,小Z沉默不语。我很久都没说话,可能是真被气晕了。他们俩都是单亲家庭,女生父母离异,跟母亲过;男生自幼丧母。我在了解他们的家庭情况的基础上,曾经分别与他们的家长电话沟通过,并给他们申请了助学金。

等大家都平静下来,我让小Z先回去,和小H谈话。我问她怎么开始的。

小H说:"高三开学初,小Z提出的。起先我不答应,但小Z说如果我拒绝,他会读不好书。我就答应了,果然,他比以前努力多了。"

我看了看小H,她避开了我的眼光,继而小H又说:"和小Z在一起后,生活中的烦恼有人倾听、有人理解了,心灵得到慰藉,空虚的情感得到了填充,蛮开心的。"

想到小H生活在一个残缺的家庭,她的话我能理解。我看过一些关于青少年成长方面的书籍,借着书上的话,我问她:"是不是谈恋爱之后,感觉生活不一样了?"小H不作声。

我接着说:"想到人无我有,看到别人羡慕的眼神,会有一种陶醉的感觉。"小H微微点了点头。

"有爱与被爱的温暖,回家有母亲照顾、学校有恋人关爱,有一种甜蜜的幸福感。"小H似乎有些惊讶,抬头看看我。我想我应该是说中了。

没等小H说话，我又罗列了谈恋爱的"好处"："恋爱让你有一种成熟的幸福，甚至还有一点逆反的快感。在家对父母发发脾气，父母不会计较，父母依然是父母，但对恋人耍脾气，恋人恐怕不理你了，于是你会十分珍惜这份感情。"

小H终于忍不住了，说："老师，你说得正是我想的。谈恋爱之后，我觉得单调的学习生活增添了调味品，生活感到充实了，心里常常阳光灿烂。"

"那你想过谈恋爱的负面影响吗？"我看着小H问，她又低下了头。"青年应该广交朋友，友谊使你心灵丰富，友谊是人生幸福的要素之一，朋友是一面镜子，是人生成功的垫脚石。你现在谈恋爱了，专注于一个人了，交友圈必然缩小，等于关闭了交友之门，别人不便也不敢介入你俩的圈子。你们天天卿卿我我，不在一起时还要牵挂对方，还要揣摸对方心理，这要耗费多少时间、精力，那你还有多少时间用于学习、用于发展自己？你尚未健全的头脑，充满了爱情，那么功课、学业怎会不受影响？中学生谈恋爱违反中学生守则，你不得不有所顾忌，既怕老师批评，又怕家长知道，你焦虑、你浮躁、你心理疲惫，你还能做到专心致志、聚精会神吗？生命诚可贵，爱情价更高。高尚的情感可以张扬，应当受到祝福，但你可以张扬吗？可以领他回家吗？家长、亲友会真诚为你祝福吗？回答如果是否定的，那么这种偷偷摸摸的早恋不是对这种神圣高尚情感的亵渎和玷污吗？人非动物，过日子不能光顾今天，还要考虑下一步，恋爱的下一步是婚姻，是培育后代，你思考过没有，你现在才不到二十岁，离法定的婚龄还有五六年，这些年会有很大的变化，世界很大很精彩，难道这个世界就他最适合你，心智发育尚未健全的你，能保证下一步婚姻成功吗？如果不能保证，这不成儿戏了吗？这不又是一种亵渎和玷污吗？也许你本来就不想太认真，只是玩玩，聊补人生空虚而已。那你就太不自爱了，感情轻浮、游戏人生，品位太低了！如果恋爱中把握不了自己，铸成大错，恐怕会伤害两代人，造成终身遗憾！"我一口气说了很多，小H哭了。我想她应该是知错了。沉默了一会儿之后，我语重心长地说："过早开放的花儿等不到收获的季节就会凋谢，过于稚嫩的心灵还承受不了汹涌的激情，过早靠岸的船儿更会失去远航的机会。青春是生命旅途中最关键的黄金驿站，老师希望你能用理智把握人生的航向,让生命放出光彩!"

小H点了点头,走了。

第二天,小H塞给我一张纸条。"老师,我知道你很伤心。我错了,真错了,我没有遵守对你的诺言,让你失望了……我不应该在关键时刻做让你和妈妈失望的事。我真是太糊涂了,我辜负了你对我的关心,让你伤透了心。我希望你能最后一次相信我,我一定会做到,从此以后我不会跟他说话,跟他保持一定的距离。如果我做不到,以后你再也不要理我了。"

我已经攻破了一方,对于小Z我就不急了。我了解到小Z去问小H我怎么处理的,又是怎么说的,小H的神情漠然让他感到了一种威胁。我一出现在教室里,小Z就偷偷地看我,似乎在急切地等待我的火山爆发般的愤怒。我像什么都没有发生,就是在课堂上,我还是正常地喊他回答问题。但是小Z的眼光闪闪烁烁的,根本不敢与我对视。三天后,小Z实在忍不住了,就冲到办公室里对我说:"老师,你到底想干什么? 你为什么不找我谈话? 不处理我?"

我笑了:"我为什么要处理你?"小Z愣住了,怀疑地看着我。

我还是不说话。小Z看着我,一会儿就低下头,喃喃地说:"老师,我在错的时间做了一件错的事。你别折磨我了,你该怎么处理就怎么处理,我认了。"

看到收到预想的效果,我让小Z写出自己对这件事的认识,然后再根据他的态度做出处理意见。现在班级里又风平浪静了,大家都在努力复习,准备迎接高考。

(合肥六中　赵德成)

第四章 以合适的方式指导学生发展

第一节 因材施教

一、从羞涩的大男孩到成熟稳重的班长

2011年9月1日开学,我被学校任命为2011级高一(1)班的班主任,班级共有56名同学。现在的孩子大多是独生子女,是家里的小皇帝、小公主,都富有朝气和个性,如何把他们团结成为一个积极向上的集体,除了我们老师的共同努力引导,更需要一个团结富有凝聚力的班委会来带领全班同学共同进取。不到一年时间,本班不仅成绩在年级名列前茅,而且在学校的常规管理"流动红旗"评比中被誉为"红旗不倒班级";在学校第46届运动会上也取得骄人的成绩,不仅打破了学校的三级跳远记录,而且在参赛的64个班级中,总分名列第一;积极参加社会公益活动,为社会奉献爱心,因此班级被授予合肥市先进班集体。

而这些成绩的取得,与班长陈某某团结班委会成员、带领全班同学共同努力是分不开的。陈某某同学为班级付出了辛勤的劳动,得到老师和全体同学的一致称赞,连他的父母也说孩子从羞涩的大男孩变成成熟稳重的男子汉了。

我第一次见到陈某某是在2011年的8月底,他的个子有1米7以上,皮肤偏黑,虽一脸稚气却态度诚恳。随后我让所有的同学填写了个人信息及发展方向情况表,并让每一个同学上台介绍自己,包括自己的姓名、原毕业学校、兴趣爱好特长、获奖情况、过去任职、对学校和班级的建议、发展目标等。等到陈某某上去介绍自己时,我就特别关注到他,因为他介绍时语言简洁明白,虽有羞涩之态,但却透出了坚定的信心,他没有担任

过班委干部,却获得过合肥市中学生乒乓球比赛个人第三名,入学成绩在班级名列第四,个人目标是考上国内一流名牌大学。听完这些,我就决定让他担任临时班长。开学后,当我宣布这个消息时不仅不少同学满脸惊讶,连他自己也不敢相信。第一天放学后,他就到我办公室找我谈话,他说没想到会让他担任班长,还说自己没担任过班干,最多就是担任课代表,没有经验怕干不好。我听完后知道他来找我的目的是寻求我的支持,增强他自己的信心。我笑笑说:"你认为自己没有能力干好吗?"他说:"不是,我想干好却怕干不好。"

"你能说说我为什么要你担任?""不太清楚。""那我现在告诉你吧。你没有担任过班干,从一个角度来说是没有经验,从另一个角度来说你不会有对付老师和同学的方法手段,你会诚实地去履行你的职责;你的成绩不是班级最好的,你没有凭成绩而骄傲的资本;你自我介绍时语言简洁,说明你思路清晰,办理事情条理清楚;你获得过市中小学乒乓球赛第三名,说明你比较能吃苦,有较强的坚韧性;你现在来我这里,说明我看你是诚实的人没有错。"通过一番分析后,他舒心地笑了,这样我就让他坚定了信心,主动积极地去开展工作。

一个月后,全体准班干实行竞选,在新一轮的班干竞选中,陈某某以唯一的全票当选,再度被任命为班长。在这一段时间中,他的工作也出现过困难,因为没有当班干的经验,加上部分同学想试试其能力故意设置一些障碍,他曾经因为工作安排不下去萌生退意。我及时给予帮助,帮他分析工作方法中的不妥当的地方,对于少数同学故意设置的障碍,可以认为是帮助他提高工作能力。这样分析后他的心情豁然开朗,又热情积极地投入工作中,终于得到了同学们的认可,全票当选。当选后,为防止陈某某出现骄傲自满的情绪,我让他带领全体班干同学制定班级量化管理条例,和我原来所带的班级管理条例相比较,找出进步之处,也发现不足的地方。这让他们明白工作的辛苦和不易,也体会到集体智慧的魅力和自己成功的快乐。在班级的日常管理工作中,我指导陈某某既明确分工,责任到人,又团结协作,相互支持,班干在班级的学习和管理中起了模范带头作用。同时他又集思广益,实行了同学值日制,培养了同学们自主管理意识和自觉遵守纪律的习惯。经过一个学期的努力,班级各项工作在年级都名列前茅,班级成绩综合排名第二,在学校流动红旗评比中从没有落下过,被誉为"红旗不倒班级"。第二学期按照学校工作安排,高一在3—4月份开展修学旅行活动,这次活动除了安全方面外我全面放手,让陈某某带领班干安排好各项准备工作,经我检查整改后全面实施。行程中的一般性问题都由他们自己解决,整个活动他组织协调得很好,活动中同学们充分领略了活动乐趣,又高质量地完成学校布置的各项任务,圆满地完成了修学旅行活动,得到了学校较高的评价。4月份学校举行了田径运动会,所有的班级组织工作都由陈某某和体育委员负责进行,他们把一些同学不愿报名参赛的情况向我汇报,为了进一步锻炼他们的能力,我说报名工作要求是所有项目必须有人参赛,具体如何落实由你们自己解决,不必要事事都向我请示。他们自己想方设法解决了问题,结果我班取得了优异的成绩,总分名列全校第一。在他的带领下,我班同学积极参加社会实践活动,树立了关爱他人乐于奉献的良好风气。正是因为如此,我班被授予合肥市先进班集体,得到社会、学校、家长一致的肯定。陈某某在这一过程中也逐渐成长起来,由一个羞涩的大男孩成长为成熟稳重的班长,完成了他人生中的一次重要的转变。

陈某某同学的进步,有他自身的因素,也与家庭的教育有关,当然也与我在工作中发现其才干并大胆使用的教育策略有关。在他工作出现困难时,细心指导,传授方法,积极鼓励他去工作,很多有才干的人就是这样在鼓励中得以施展其才华。一个教育工作者不仅要发现人才,更要为人才的发展创造有利的环境和空间。

(合肥六中　黄劲松)

二、我为"勤奋生"解压

龙某某是我班的学生。她不调皮捣蛋,也没有不交作业现象,是一个非常认真、爱学习的孩子,但是她学习得太累,太痛苦了。用她的话说,就是在学习方面她付出了很多,超过了班级里很多同学,但是她的收获却少之又少。她很苦恼,很伤心,几乎绝望,连平时写数学作业都紧张得手发抖。听到这个消息之后,我震惊了,赶紧搜索脑海中储备的知识,该怎样去开导这个孩子呢,简单说教肯定是不行的。根据她的特殊情况,我制定了一个只适用于她的计划。首先,利用各种现有的机会、条件,或者创造机会,跟她多接触,多向她询问班级的情况,以及她的一些感受和想法,争取尽快了解这个孩子的内心世界。其次,多次电话联系孩子家长,询问孩子在家的表现,以及她在家中跟他们沟通交流的一些话题,希望从中能够发现症结之所在。最后,跟班级任课老师多联系,了解孩子的听课情况以及作业完成情况,也将孩子目前的状况反映给各任课老师,希望他们多多关注,并给予适当的鼓励。

经过这些方面的努力,我对这个孩子的情况有了详细的了解。这个孩子非常善良、孝顺,深知父母工作的辛苦,希望通过自己的勤奋学习取得优异的成绩,作为对父母辛苦工作的回报。从初中到现在,她一直肩负着这么沉重的担子。初中,她的成绩还算优异,证明自己的努力是有收获的,取得的成绩也是以让父母开心和骄傲。但是,到了高中,学业负担加重,周围的同学都非常优秀,这样的外部氛围,让她感到非常紧张,压力非常大。为了不让父母失望,她比初中更加努力,当很多同学都在玩耍的时候,她在学习;当很多同学准备睡觉的时候,她还在学习;当很多同学已经进入梦乡的时候,她还在学习。简直达到一种痴迷、疯狂的境界。因为她坚信:只要她努力,就一定会有所收获,一定不会让父母失望。经过一次、两次的考试,结果让她很失望,很伤心,始终弄不明白,"为什么我这么努力,会考的这么差?"此时,她已经不是单纯跟过去的自己相比较,她走向了另一个极端,她恨自己,为什么别人远不及我努力,还考得比我好,我怎么这么笨。于是,这种情绪一直伴随着她的学习生活,导致后来的不自信,以及内心极度紧张情绪的产生。知道这些情况之后,我又采取了相应的措施。

在某一次考试成绩出来之后,我把她喊到办公室,就只有我们两个。首先,对她从开学到现在的表现,给予高度表扬,并将我从其他任课老师听到的一些表扬性话语转述给她。这只是想证明一点:老师都很关注你,看见了你所付出的一切,并鼓励你继续努力。经过这一环节,这个孩子由刚进入办公室的紧张状态慢慢放松了,人也变得自信了,脸上流露出自信又有点害羞的笑容。紧接着,我跟她讲了班级里某些同学的情况,分析这些孩子身上的优点、缺点,比如说缺点是爱玩,不认真,优点是很聪明,很机灵,会一些投机取巧的方法。但是,我表达了自己的看法以及社会大众的看法,总体上持不赞同、不欣赏的态度。这样,这个孩子内心平和了一些,从她的回答中,我发现她没有像原来那样羡慕这类人。顺势我就说出在我心目中非常欣赏的人,以及在社会生活中,深受众人喜爱的她这一类人的特征。这个孩子听完之后,觉得老师是欣赏自己的,绝大多数人都是很喜欢自己她这一类型的人的,慢慢地找回了些许自信。最后,我提出自己的希望,希望她多跟老师交流沟通,主动去发现老师的可爱,不要总觉得老师是严厉的、恐怖的,并跟她讲班级个别任课老师的小趣事,让她感受到老师是可亲、可爱的,是值得信任的。有问题有困难时,老师们都会伸出援助之手来帮助她。

通过这次长达1个小时的交流,这个孩子的压力缓解了很多。她在之后的学习过程中,也更自信了,更喜欢与老师交流,考试过于紧张的情况也不再出现了,整个人变得更加开朗、乐观了。有一天,她的母亲打电话给我,说孩子最近学习情绪很好,心理负担也没有以往那么重了,说要好好感谢我这个班主任。我欣慰地笑了,我只是做了我该做的,希望孩子的未来会更好!

"因材施教"这一教学原则是我国古代教育思想中的瑰宝。早在两千多年前,孔子就说过:"教也者,长善而救失者也。"这就是说,我们要通过教学活动,尽可能地发挥学生的优势,克服他们的缺点,使之扬其所长,避其所短。"因材施教"之所以能经历两千多年漫长历史的洗礼而光辉依旧,可见其是何等精辟。在大力实施素质教育的今天,我们很有必要用一种全新的眼光来重新深刻地去认识它。

当前,素质教育的思想正逐步地深入人心。我认为,在全面实施素质教育的进程中,我们必须更注重因材施教这一方法的应用。

我们所要做的就是使每个学生都能在自己的能力和需要范围内得到一定的提高。但是由于每个学生所处的家庭、社会环境不尽相同,他们的性格、爱好相差甚远,因而形成了学生不同的个性特点和发展水平,学生个体间有较大的差异。要想让不同的学生在自己的能力和需要范围内都得到一定的提高,这就需要在对其教育时有区别地对待,因"材"而施"教"。素质教育赋予"因材施教"以全新的含义,也对"因材施教"提出了前所未有的新要求。

（合肥六中　王俊）

三、不交作业的"优等生"

第一次担任高一班主任，心怀忐忑的我不敢怠慢，一开学就抓紧时间观察学生，和他们谈话，希望尽快熟悉学生的情况，为班主任工作奠定基础。五十多个孩子中，小W很快进入我的视野。他高高大大，颇有一些书生气，第一次见面，他就给我留下了很好的印象。通过几天的观察，我发现他在学习方面特别专注，很有一股钻劲，而且憨厚听话。那时，我很高兴，班里有这样一个好苗子，培养出来一定很有成就感。然而，没有想到的是，他竟成为我在班级管理中遇到的最大的难题。

为了让同学们养成良好的学习习惯，在开学第一个月中，我就把抓作业作为班级工作的重点。开始两星期还是很顺利的，每天的作业基本都交了。随着新课内容的增加，作业量也与日俱增，经常不交作业的"老大难"们也开始现身了。我惊讶地发现小W就在其中。一般来说，经常不交作业的学生中，有的是没有养成良好的学习习惯，学习没有效率；有的是缺乏毅力，学习不踏实；有的是基础不扎实，还没有适应高中课程的难度……但小W显然与他们不同，基础和理解力都没有问题，但他为什么总不交作业呢，这让我感到很困惑。

其实，之所以出现作业收不齐是有客观原因的。我们学校是有名的省重点学校，竞争压力非常大。这种压力不仅存在于学生之间，教师也难以幸免。经过新一轮的扩招后，我校的生源质量也不可避免地有所下降。作为一名教师，谁不想把学生教好，干出一番成绩。于是，他们不辞辛苦，多布置作业，勤改作业，为提高成绩殚精竭虑，然而却不可避免地产生一个问题：作业总量确实比较大。但我班学习突出的学生大部分都能按时完成，为什么名列前茅的小W却拖拖拉拉？

于是，我和小W多次谈话以便了解情况。原来，小W在学习方面很有规划性，对细节很看重，作业方面重质而不是量。每次做作业之前，他要看教材和笔记，弄懂新课内容后，再独立完成作业，并且在作息时间上，他也安排地井井有条：到时间就休息，不喜欢打疲劳战。所以，只要他交上来,作业质量是绝对可以保证的。但他常有一两门的作业没交或迟交,更让人头疼的是,他的成绩不错,人缘也挺好,对班级的影响力不小。一段时间下来,不少学生都效仿他不交或迟交作业,破坏了班级的学风。怎么办呢?

很明显,对于这种情况,粗暴地一罚了事绝对不会取得好效果的。而且小 W 是个外柔内刚的孩子,如果他觉得自己没有犯大错,一味地呵斥只会让他变得逆反,影响他的成长。放任自流更不可取,长此以往,班风被破坏,到时可就悔之晚矣。通过一段时间的观察,我发现虽然有作业未交的毛病,但小 W 的学习效率仍然很高,成绩也一直稳坐前三名。这说明他说的是实话:问题产生的根源是他自己的学习计划和老师的规划产生了矛盾,而他一直坚持自己的做法,当然无法解决眼前的问题。

经过自己思索和向教师请教之后,我向小 W 建议:第一,对他的学习规划进行调整。在高一阶段,老师的指导可以让学生少走弯路,布置作业的目的也是为了巩固新课所学。没有适当和科学的训练,肯定会出现事倍功半的结果。小 W 应该明白,作为班级的一分子,尤其还是一位领跑人物,他的言行别的同学都会看,还会模仿,要让他给班级树立一个好榜样。第二,小 W 自己可以对作业进行个性规划,让他和任课老师协商,在保证效率的前提下,对作业量进行适应删减,给自己多一些消化的时间。与此同时,我还向班级宣布:可以模仿小 W 一样不交作业——只要你能保证自己的成绩能像他一样稳步提高。经过一段时间的试行后,班上的作业情况终于有所改善,我也终于松了一口气。

这件事情让我对班主任的工作有了更多的感悟:第一,要有全局观,重视个体和集体之间的相互影响。第二,要早发现问题,并且早解决,以防后期工作被动。第三,所谓的优等生也会有小毛病,而且他们的自尊心都很强,教育的难度并不小。这时,应该根据孩子的性格特点,选择适当的教育方式。比如,对固执的小 W 就应该以理服人,使其产生内在的认同感,达到纠正不良习惯的目的。第四,在班级管理的策略上要灵活多变,僵化死板会让自己的工作进入瓶颈。

当然,在班级管理的方法上我还是显得非常稚嫩,这件事成为推动我学习、提高工作能力的动力。永不满足,不断求真才是班主任工作的正确态度。

(合肥六中 李峰)

第二节 品德教育的新方式

一、"坏小子"的变化

刚担任高二(6)班的班主任没多久,许某某同学的名字就给我留下深刻的印象,然而向他的前班主任咨询信息后,更让我大跌眼镜。听到的内容不是他迟到,就是拖拉作业。更有甚者,在高一阶段对老师有很强的抵触情绪,据黄劲松老师介绍,他是高一一年级有名的"坏小子":有抽烟恶习,有次跟科任老师的关系闹得非常紧张,差点在课堂上跟老师动手。听到此,唏嘘不已。看起来沉默寡言的孩子,怎么会有如此"出格"行为呢? 为了保证正常教育环境,维护班级的正常教学秩序,我必须对这位同学做出针对性的教育。

为了解开我心中的迷雾,我找到了许某某的高一同学。他的同学对他的情况三缄其口,后来不得不约他的父亲见面,以近期的学习状况为由,寻求更多关于他的课后学习、生活以及社会交往的相关信息。他父亲见到我,显得激动不安,一坐下便急切地问我许某某是否在学校又闯祸了。我笑着说,不是,表现尚可,于是从上课到作业再到家校通情况,开始了解学生和家长的基本情况。他父母大半时间在外地工作,把他交给爷爷和奶奶管。当我说明这次见面谈话只是想多了解一些情况,以便更好地对其进行教育时,他父亲立刻滔滔不绝地说起了孩子以及自己的苦恼,说到伤心处,声音有点颤抖。原来,孩子从小就是隔代培养,父母在外打工无法照顾他,只好把他送回来由二老照管。面对这样的家长,我心里感慨万分,同时也为曾经想放弃对他的教育感到惭愧。知道了一些具体的情况后,为了能更有效地对症下药解决好问题,我一直在寻找适当的时机,准备与他谈心。

经过这一次长谈,我掌握了造成许某某同学现状的真正原因,也有了信心，我决心帮助他。

要使他重新树立起追求上进的信心，必须先卸下他思想上的沉重包袱，于是我找他谈话。我对他说："其实老师觉得你一点也不笨，你和其他同学一样聪明。在老师心里，你一直都是一个好孩子啊，只是有时你还不够乖，如果你上课能认真一点，对同学能再友好一点，学习能再努力一点，你在老师心里就是最棒的！"听了我的话，他眼睛都亮了，可一会儿，他又低下了头，担心地说："要是我努力了，他们还不理我怎么办呢？"

看着他那种天真而担忧的神情，我真为自己过去对他的粗心、冷淡的态度而后悔。我顺势引导，进一步鼓励他："只要你做到了，同学们就会认可你，而且对待同学要友好，不要总是欺负他人，这样大家才会愿意和你玩啊！老师相信你是一个聪明的孩子，你能做到的，老师也会帮助你的。"许同学终于放心地笑了。从那以后，我总是在同学面前适时地表扬他，让他在同学们面前树立信心。

因为刚接手这个班级，管理的效果还谈不上，但我认识到：对一个长期出现反常行为的学生，切忌进行简单粗暴的压迫式教育，这样只能使学生的压力更大，必须对学生进行全面的观察，找出问题的症结，并采取有针对性的措施。整个过程要求教师要耐心、再耐心，细致、再细致。

我相信：只要我们教师有耐心、有爱心、有恒心，就一定会把我们的学生教育好。

（合肥六中　王发）

二、"哄"出来的班级状元

合肥市高三毕业班第二次抽样考试后的一天下午，大约1点50分，张某某同学的家长慌慌忙忙来到办公室焦急地对我说："胡老师，麻烦你到教室看一看张某某有没有来上课。"我丈二和尚摸不着头脑，随口说道："他应该在教室上课，你有事找他？"家长解释说："张某某二模没有考好，今天吃中饭时我说了他几句，没想到他不给说，还顶嘴，我发了几句火，他更厉害，把饭碗一推，重重地关上家门就出去了。我以为他的心情不好，出去转一圈就会回来拿书包到学校去上课，可等到该上学的时间了，他还没回家，所以麻烦你到教室看一看，他是否直接到学校来了。"听完家长的话,我三步并做两步来到了教室,可一直等到第一节课上了大约10分钟,还是没见到张某某的影子,回办公室的途中,我边走边思索着我应该怎么做。

张某某同学脾气有些怪怪的,在班里没有朋友,也不大和别的同学说话,因此在排座位时,我总是把他和喜欢说话的同学排在一起,这也叫"资源的合理配置"吧。班里有一些"好事之徒",有时为了寻开心,就拿张某某找乐,张某某对此十分苦恼和愤怒。为此我在班里对"好事之徒"进行过严惩,也跟张某某多次谈心,希望他能跟同学多交流,能融入班集体这个大家庭,可他却跟我说:"班里没有一个好人,走自己的路,让别人去说吧!"我多次找他家长交流情况,他家长说张某某从小学开始就和同学玩不到一起,经常遭同学奚落、嘲笑,非常苦恼,自尊心受到极大伤害。为保护孩子自尊心,他们安慰孩子:"走自己的路,让别人去说吧!"这反而使孩子越来越远离班级同学。上初中时体育老师上课经常安排一个游戏,每五个同学为一组,老师哨声一响就两两抱在一起,剩下的一个同学就要受惩罚跑五百米。每次做游戏,总是张某某跑五百米,他曾努力去抱别人,可别人总是想办法从他怀里挣脱,因此他非常恨体育老师和班里同学。

回到办公室,我和张某某的家长仔细分析了张某某的性格特征和一贯表现,认为他不会上网吧玩游戏,应该会出现两种可能:一种是他瞎逛一圈,情绪稳定后主动回家;另一种是到亲戚家去了。采取的对策应该是向亲戚打电话,要他们注意收留,然后在家静候佳音,因为实在想不出张某某出现机会大的地方。最后我对家长说:根据张某某在班级的情况,我认为:①不要让班级任何同学知道张某某离家出走,否则他以后回到班级上课会受到"好事之徒"的嘲笑。②不要让他知道我知道他离家出走的事,否则他回到班级上课时心里会有压力,等找到他时就跟他说你们已经向我请假,在他返校上课时带个病假条给我。③你们找到他时要主动向他承认你们的错误,孩子已经尽力学习,成绩不好,他心里的压力、苦恼比家长大,家长应该替他分担一些,而不是责怪、抱怨。

第二天一早张某某妈妈打电话告诉我,他到上海亲戚家去了,他们已经动身去上海接他回来。我在高兴之余再三叮嘱家长,切记我讲的后两条。

第四天早晨早读课前,我在教室门口抓迟到,张某某同学慌乱但又十分毕恭毕敬双手把病假条递给我。我看完病假条,十分关心地说:"快要高考了,要十分注意身体,快进去上课吧!"他如释重负,笑眯眯地快步走向座位,我心里十分得意:装得还挺像!

高考前,他的妈妈多次来学校,了解他在校情况,她告诉我他现在在学习上没有思想包袱,他们也认可他的努力,家庭气氛十分融洽。最后,在学校和家长的共同努力下,张某某十分用功,在高考中居然考了640分,成了班级的"状元"。

众所周知,我们每个人都有自己的长处,但也都有短处,并且有一些短处已经养成习惯,根深蒂固很难改正。如果你的领导、同事、家人、朋友总是盯着你的缺点,批评你、嘲笑你、奚落你、贬低你,你很快就会被打垮,自尊心自信心会受到极大的伤害;如果你周围的人总盯着你的长处,适时鼓励你、夸奖你,你会越干越有劲,越活越滋润。

我们的教育对象还是一群未成年的孩子,他们的可塑性特别强。如果在日常教育教学中,我们保护孩子自尊心的意识不强,抓住孩子的缺点或某一次失败不放,批评、奚落、甚至讽刺、挖苦,孩子自尊心就会受到伤害,自信心就会受到打击,孩子的失败意识或缺点就会被强化,他会在我们的推动下从失败走向更失败——这也是许多家庭教育失败的主要原因。如果在日常的教育教学中我们能创造一个宽容和谐的环境,在这个环境中允许孩子有缺点、允许孩子犯错误、允许孩子失败、允许孩子张扬个性,使孩子能发现自己的长处、展示自己的才华、品尝成功的喜悦。在这个环境中,教育者能了解每个孩子的优点、及时发现孩子的闪光点、适时的进行表扬和鼓励,孩子将在我们的推动下从成功走向更成功——这就是众多教育者积极倡导的"赏识教育"。

在近几年教育教学工作中我一直在尝试"赏识教育",我通过班会、谈心等多种形式,让学生正确认识到自己所处的位置,自己的劣势和优势,从而确定适当的努力方向和目标,制定切实可行的实施方案,树立"我能行"的信念。跟学生家长沟通交流时,我在介绍、了解学生情况的过程中,总是引导学生家长要多发现孩子的优点,多鼓励少批评,千万不能指责抱怨。开家长会时,如何理解孩子,发现孩子的闪光点,鼓励孩子、表扬孩子,帮助孩子树立信心更是我讲话的重点。

　　教育者在实行赏识教育时,要有爱心,还要准确地把握赏识教育的内涵,在教育教学过程中要因人、因事、因时采取适当的方法和手段。

(合肥六中　胡传安)

三、"信任"的魅力

　　下午第三节课课间,我班上的"三剑客"之一朱某又犯了错误。他与一个同学大吵,剑拔弩张,一场武斗大有一触即发之势,班长一看事情不妙,马上跑到办公室向我报告。我的办公室就在高二(2)班教室隔壁,我狂奔到教室门口。"朱某到办公室来!"我大吼一声,教室一片寂静。

　　朱某一听就火了:"老师也没有调查就让我一个人去办公室,去就去!"于是他雄赳赳、气昂昂地进了办公室,也没有报告,把门一推,进来就往我面前一站,昂首挺胸,一副宁死不屈的架势。我深知他的性格,没有去激化矛盾。仍然埋头批改试卷,一本一本直到把试卷全部批改完成,头也没有抬,不看他一眼。他问:"老师,我能不能去上课?"我翻开记分册,用若无其事的口吻平静地说:"来,朱某,帮我把试卷上的分登记一下。"说完就把记分册推到对面,把笔放在记分册上。他一听感到很意外,老师不但没有训自己,反而让他帮助登记分数——这个在平时只有优秀学生才能干的工作。朱某的气立即消了大半,他犹豫了一下,规规矩矩地坐好,认真地把我念的分数逐个填写上,发挥自己写字的最好水平。50名学生的成绩也全部填写完了,而且他恢复了一个青年应有的可爱。这时我才望着他正式开始谈话。他看到我对他如此信任,也就比较客观地说明了他们争吵的经过,还主动作了自我批评。朱某离开办公室的时候,心上没有任何伤口,没有痛苦,有的倒是一种满足感。

　　学生出现严重的对立情绪,产生严重的心理障碍时,教师先采用迂回的方法,等"障碍"排除以后,再触及问题的本身。特别是有些暴躁、任性倔强的"胆汁质"型的学生,他们进办公室就摆出一副"较量"的架势,这时候如果严厉批评,那么很可能使矛盾激化,把事情弄僵。如果先谈一些题外的话或者若无其事地请他同老师做一些其他的工作,等到他的情绪恢复正常以后,心里的气烟消云散之后,再开始批评他,这样的效果就会更好一些,可以达到使他自觉认识自己缺点的目的。

事后,在一次无意的谈话中,他对我说:"赵老师,我们敬你又怕你,你有一双X光的眼睛,能透视人的灵魂。"这件事使我想到一个问题,即批评教育学生,当他们对自己的错误没有认识或不愿承认的时候,不必穷追猛打非要搞个水落石出不可,不妨采取"冷处理"的办法,论而不逼,理到话止。有些老师在处理问题时,常常追求"最佳效果",把学生口头的认错和检讨作为教育的唯一目标,殊不知这往往是一种"虚假的繁荣"。高压之下的认错和检讨有多少是心灵的真正感化和顿悟而不是对付高压的权宜之计呢? 论而不逼、理到话止的处理方式,乍看起来是"不了了之",但是,因为这种教育方式注重心灵的透视和剖析,注重人格的评点和开导,所以,它往往能够产生意想不到的教育效果。现代教育学要求我们教育学生既要有利于促进具体问题的解决,又要有利于促进学生人格的完善,既要着眼于即时效应,又要着眼于长久效应。而有些老师教育学生只重视前者而忽视后者,严格地说,这是教育的失败,是教师的失职。

(合肥六中　赵毅刚)

第三节　青春期的特殊教育

一、花开应有时

根据美国心理学家赫洛克的把人从性意识的萌发到爱情的产生全过程分为四个阶段的理论得知,高中生正处于第三个阶段,即积极接近异性的狂热时期。他们非常愿意接近异性,同时又对异性交往充满困惑。青春期的少男少女,渴望与异性交往,这是一种正常的心理现象。对中学生而言,异性同学之间的正常交往不仅有利于学习进步,而且也有利于个性的全面发展。一般来讲,既有同性朋友又有异性朋友的中学生,往往性格比较开朗,为人诚恳热情,乐于帮助同学,自制力也比较强。而那些只在同性同学中交朋友的人,往往缺乏健全的情感体验,不具备与异性沟通的社交能力,社交范围和生活圈子也比较狭小,人格发展不甚完善。但是,在中学时代,异性同学关系仍然是一个颇为敏感的话题。如果男女同学之间的交往处理不当，也会影响和妨碍中学生的学习和身心健康，带来情绪和行为上的困扰。异性交往是有利有弊的，关键在于如何引导他们建立起积极向上、健康发展的异性关系。本案例主要讲述如何引导陷入早恋的学生建立正确的异性文化交往关系。

学生基本情况：张某，女，父母离异，跟妈妈一起生活，对异性的好感和渴望非常强烈，是典型的中学生早恋对象。

原因分析：张某的情况主要有以下5个方面的原因：

第一，特定年龄身心发展的需要。高中生正处于积极接近异性的狂热时期，他们非常愿意接近异性，但由于心理发育不成熟，在与异性交往中难以建立自然、适度的关系，由此陷入"早恋"。

第二，父爱的需要。张某是单身家庭的孩子，不到三岁的时候，父母就离异了，从小就跟妈妈一起生活，爸爸几乎不过问她的生活，可以说是从来都没有得到过父爱。她对父爱的渴望，更加重了她对异性的好奇和渴望，渴望从异性身上得到关爱和关注。

第三，母亲的教育方式不当。妈妈平时忙于工作，和孩子交流少，无暇顾及对她思想方面的教育，很少关心她的心理需要，遇到问题就斥责、谩骂孩子，使她受到了一定的冷落。

第四，受所处的交往环境影响。张某常与年龄比他大、习惯不好的人交往，那些人有的已经走入社会，他们喝酒、抽烟，男女朋友交往甚广，张某认为他们的行为是一种成熟的标志，并以他们为榜样，觉得有男朋友是件很光荣的事情。

第五，实现自我价值的需要。张某从小离开父亲，心里有些自卑，对自己也没有正确的认识。谈恋爱，她觉得从对方身上找到了自己存在的价值，觉得自己被人重视，找到了自我满足感。

解决方案：早恋是一处敏感地带，谈多了他们会误认为老师有意找茬。与其穷追猛打，不如实话实说。从心理方面多视角对学生进行青春期教育，用科学知识帮助他们解读青春的疑惑。

根据张某的情况，应采用综合性辅导对策。

第一，从教师方面来采取措施。

首先，建立信任关系。"异性相吸"是自然界普遍存在的规律，青春期的感情萌动是成长发育与环境因素共同作用的结果。我首先向她说明早恋是青少年身心发展过程中出现的一种正常现象,让她知道老师是理解她的,以建立起相互信任的关系,这为以后坦诚交流与有效沟通奠定基础。

其次,在信任的基础上告诉她与异性交往的方法:①自然交往。在与异性交往的过程中,言语、表情、行为举止及情感流露要做到自然、顺畅,不冲动,不造作。②适度交往。异性交往的程度和方式要恰到好处,为大多数人所接受。③留有余地。异性交往中,所言所行要留有余地,不能毫无顾忌。比如谈话中涉及两性之间的一些敏感话题时要回避,交往中的身体接触要有分寸等,特别是在与某位异性的长期交往中,要注意把握好双方关系的程度。还劝导她要自尊自爱,培养独立人格,不要贪图小便宜,不要有依附他人的思想,要把主要的时间和精力放在学业上。

再次,深入交谈,了解细节。在相互信任的友好氛围中,询问她一些情感发展的细节问题。如:"你喜欢对方哪些特点?""你认为自己有哪些特点吸引对方?""你怎样看待感情问题的?"对其中的一些问题,我表达了自己的看法,并且为了增强可信性与说服力,列举一些身边的例子,引导她建立起积极向上、健康的异性关系。

第二,从家庭方面来说,主动找张某家长谈话,要求母亲多与女儿做思想、心灵的交流,加强情感沟通,重视她思想品质的发展。

首先,努力营造温馨的家庭氛围,给孩子提供一个民主的家庭环境,不要一味阻止,否则有可能激起她的逆反心理。

其次,积极与孩子进行情感交流,在沟通中让孩子感受你对她的信任,在信任的基础上协商订立一些规则和界限,使早恋成为孩子的学习动力。

再次,要与学校老师保持联系,及时掌握孩子在学校的动态,帮她从思想上提高认识,此阶段以学习为重,提醒她注意把握分寸。

另外,引导中学生走出早恋误区还应注意以下几个方面:

(1)不要人为地夸大这种爱。中学时期对异性产生好奇、感兴趣的心理是正常的,但过分夸大这种感受,有意识地去刺激助长这方面的情感是不可取的。

(2)教师要做到情与理交融,如果对学生缺乏爱,或者对学生表达关爱之情不得体,就难以取得良好的教育效果,甚至会造成学生严重的逆反心理。如果对学生的内心需要和行为问题缺乏敏感性、洞察力、理解力,就会错失许多帮助学生进步的时机。

(3)教育需要老师、家长和社会的共同参与和努力,所以在对学生实施教育的过程中,要做好家长的工作,赢得家长对老师工作的信任、支持和配合,班主任老师还要主动跟任课老师联系和交流,听取他们的意见和建议,从而能更顺利地做好学生的工作。

苏霍姆林斯基说:"教育,首先是关怀备至地、深思熟虑地、小心翼翼地去触及幼小的心灵。在这里,谁有耐心和细心,谁就能取得成功。"只有深入学生的心里,教育工作才能落到实处;只有触及到学生的心灵深处,才能对他们产生实实在在的影响。处理早恋这种敏感的话题,教师更要耐心和细心。

(合肥六中　林慧)

二、"早恋"其实不可怕

步入高中学习生涯的学生,在生理上已经进入青春期时代。青春期是人生的一个特殊而又美好的时期,在这个特定的时期里,不仅有生理上的巨大变化,更带来心理以及思想上的很大变化,是人生观、世界观和价值观形成的重要阶段。学生对青春期既有羞涩,又有好奇,尤其是两性在外貌特征上表现出来的不同,男生逐渐变得阳刚,女生逐渐变得柔美,使青春期的学生开始对异性产生朦胧的向往与好奇。因此,顺利度过青春期,是顺利度过人生中最重要的黄金学习阶段的重要保证。作为一名班主任,每天与学生打的交道最多,是学生最亲近的人。因此要独具慧眼,及时发现学生可能在这一阶段出现的问题的苗头,细心地、有效地解决好出现的问题,才能让学生更加轻松度过青春期,避免造成不必要的伤害。

谈到青春期,不可避免要谈到性、早恋的问题,青春期的孩子出现"早恋"的情况非常正常,班主任以及家长不必谈"早恋"而色变,只要正确引导,就不会对孩子产生坏的影响。经过高一上学期一个学期的相处,同学们都互相熟悉了起来,我心想接下来他们会不会出现"早恋"呢,果不其然。下面是我在班主任工作中遇到的两个与"早恋"有关的例子。

（一）"失恋"的学生

阿伟（男，化名）刚来班级时非常开朗，十分热心班级里的事务，主动要求担任班干部，上课的时候也是非常认真，各科老师都反映不错。一次我上课时，注意到他无精打采地趴在桌子上，眼神迷离，思想的缰绳已经跑到十万八千里外去了，为了提醒他注意听讲，我点名叫他回答一个问题。他猛地一惊，站起来不知所措，这时全班都笑起来了，他尴尬地站着，我并没有发火，而是让他先坐下来，他面露愧色地坐下去了。又过了十几分钟，他又开始沉迷在自己的思想小天地里了，看到他几次眼神不集中的样子，我想应该关心一下他了。下课后问他，他说自己昨晚学习得太晚，没睡好，我让他注意学习节奏，不要太累，就没在意了。可是接连几天他都是这样的状态，我想应该好好找他谈谈了。

一天放学后，我把他叫到办公室，他一开始吞吞吐吐，不好意思说出来，我鼓励他大胆说出心中的困惑。他才跟我坦白说自己"失恋"了，说他喜欢班里的一个女孩子，那个女孩子成绩很好，人也长得很美，很开朗，他曾经跟那个女孩子表白过几次都被拒绝了，感到很受伤，觉得没面子，很是苦恼。我知道是这个原因后，就势引导他说道："你觉得女孩子都喜欢什么样的男孩子呢？"他说："帅气的，成绩好的。"我说："既然女孩子喜欢优秀的男孩子，况且你心里喜欢的这个女孩子本身还这么优秀，她肯定更加欣赏优秀的男孩子，要想她也喜欢你，你自己必须要变得比她更加优秀才行，你说是不是？"他肯定地点了点头。"你痛苦她不喜欢你，那你应该要让自己变得强大，变得比以前更加优秀，这样才有可能得到她的心仪，对不对？""嗯！""但这并不是说老师积极支持你们现在就谈恋爱，现在的你们还是青涩的苹果，时候未到，吃起来必然苦涩。你们现在的目标是用心学习，3年后考个好大学，到了那样的平台后，才能有更广阔的视野和天地，一个真正优秀的男人才会有更强的'竞争力'是不是？"他听到这里笑了起来，对我说："老师，我知道该怎么做了，谢谢老师的教导！"这之后，他又变得跟以前一样心情愉快，上课也认真听讲，成绩又逐步提高，到期末考试的时候，班级排名第15名，较上次段考进步了12名。

(二)"热恋"的学生

小斌(男,化名)是一个帅气的小伙子,成绩在班里属于中上等,跟同学关系都处得很好。有次上课,看到他偷偷摸摸地在写一张小纸条,我走在他身后,故意等他写好,伸手示意把纸条给我,他面露难色,十分不情愿,但最后还是交给我了。我不动声色地把它夹在书本里继续讲课,但观察到他一直都心神不宁,我暗想纸条上肯定有秘密。

下课后,我把他叫到办公室,我打开纸条,果然是有秘密啊,原来是给班里一位女生的"情书"。这个女生是个学习能力以及做事能力都非常棒的女生,从"情书"的称呼来看,显然双方已经处于"热恋"阶段。男孩和女孩都很不错,必须正确引导。问及细节,男孩说女孩每次都很帮助他,帮他解答学习上的困惑,两人经常一起讨论学习问题。他跟我保证不会影响学习,并跟我定下学习目标,让我监督他,我答应了他,跟他约定"君子一言,驷马难追"。第二天我又借班级事务找来女孩子,然后开门见山,女孩很不好意思,一下子脸红了,然后我说道:"你也不用害怕,我暂时不会告诉你们的父母,但这要看你们的表现,老师对你们在学习和成人上都非常期待,希望你们俩能好好处理,只要不影响学习,能够互相促进,共同进步,老师也就没有理由反对你们在一起了,对不对? 将来即使家长知道了,老师还能帮着说一两句呢是吧?"她羞涩地笑了。她跟我说:"老师,我知道该怎么处理,不会影响学习的,请您相信我。"并同样跟我定下学习目标。同时,我也跟他们强调老师现在是给他们一个证明自己的机会,所以在班里必须要低调。到期末考试的时候,两个人果然都没有辜负老师的期望(这一对依然在我的监察视线范围)。

学生在高中阶段朦朦胧胧地喜欢异性是很正常的事,老师没必要刻意去避而不谈,也不能一棍子打死,更不能一味地压制,而是要具体问题具体分析。个人认为,对青春期的"早恋"问题,宜疏不宜堵。"疏"与"堵"一字之差,结果迥然不同。青春的萌动,朦胧的爱恋,原来是那么单纯而自然,那不是洪水猛兽,无须筑坝垒堤,唯有理性地疏导,才能让他们正视这份清纯的情感。既然那么稚嫩的花朵已悄然绽放,就让我们用爱心精心地好好呵护修剪,在老师的引导中走好这一程,从而拥抱绚丽而精彩的人生！

（合肥六中　刘博）

三、让爱的阳光照进学生的心灵

清晨，一缕缕阳光照在刚刚苏醒的花朵上，花儿沐浴着温暖的阳光，茁壮成长，吐露芬芳。青少年就像这花儿一样，是祖国的希望，需要我们细心呵护，精心培育。只有感受到了环绕在四周的温暖，他们才能努力绽放出属于自己的别样美丽。所以，让爱的阳光照进学生的心灵是时代赋予我们教育工作者的神圣使命，是每个教师应尽的职责。

作为一名年轻的班主任，我对教育事业充满了热情，有种永不服输的精神。然而经验不足，急功近利思想的影响，有时使我在管理工作上不知所措。在学校领导的殷切关怀、同事的热心帮助下，我在教育的道路上曲折前进，有了一定的收获。回顾这一路，现在的我更加深刻地理解了苏霍姆林斯基的那句"教育技巧的全部奥秘也就是如何爱护儿童"，尤其是从学生S的转变过程中，我看到了爱的阳光所散发出的灿烂光辉。

初遇：天空阴霾。

初遇学生S的气氛并不太好，那是高二新学期开学的第一天，我利用班会课调整了部分同学的座位。放学后便见到他闷闷不乐地找到我，要求换座位，理由也很简单：现在的同桌不熟悉，要和以前的同班同学坐在一起。我笑着教导他说："朋友也都是由陌生到慢慢熟悉的，大家现在身处同一个班集体，就是相亲相爱的一家人，更要相互了解，在学习和生活上相互帮助……"

随后，他不再提调位的事情，也勉强同意了我的看法，但在谈到理想的时候，他的话语却让我吃惊。原来在分班的最后关头，父母独自做主改了他学文科的志向，所以他和父母闹脾气，对即将开始的高二生活也毫无兴趣，甚至发出了"不能自己做主的人生还能有什么作为"的无奈感慨。我安慰了他一番，希望他能站在父母的角度上客观地看待这个问题，然而收效甚微。

看着他在绝望中那带着怀疑却仍透出一丝信任的目光，我很痛心但又感到一些欣慰。怎样才能驱散他心头的阴霾，帮助他尽快走出困境，积极面对现实的一切？这成了急需解决的问题，我开始慎重地思考。

转化：漫漫黑夜。

黎明前的黑夜最漫长，事实也证明要想彻底改变他的观念，真的是一件不太容易的事情。针对他的情况，我认真地制定了一套全面的计划。

首先，我找到了原来的班主任详细了解了该生的情况，包括他的家庭、学习和日常表现等方方面面。

其次，我积极关注他近期的表现，向周围同学询问情况的同时，让他们平时多关心和帮助该生。

再次，我联系了他的父母，进行了几次深入的探讨。面对孩子的这种情况，父母也很着急，甚至后悔地说实在不行的话就只有随他的意愿。我安慰家长不要泄气，要多和孩子沟通交流，心平气和地坐下来听听他的心声。只有尊重孩子，做孩子乐于倾诉的朋友，才有可能知道孩子问题的根源在哪里，找到解决的办法。

最后，我通过这一番调查了解，发现该生并不是完全不爱学习，只是这阶段钻牛角尖，和父母闹脾气，另外自我控制能力不强，有懒惰行为。同时，我也看到了该生的优点：纯真善良，乐于助人，劳动积极，爱好广泛，能和同学融洽相处。慢慢地，他开始和同桌有交流，遇到学习上的难题也主动向成绩不错的同桌请教。

这时，我认为只要和家长共同努力，完全有可能转变该生的观念，使他走出歧途，迈向正确的道路。

一周过去后，我又找他谈心，询问他是否适应了自己的座位，并让他说说对班级和同学的看法。这一次，他的态度有了一些改变，只是仍对分科的事情耿耿于怀。我表扬了他近期的表现，并依据他的特长让他担任文娱委员，并给予充分的信任和鼓励。对于分科，我客观地分析了当前高考和就业的形势以及他自身理科成绩略好的特点，至于和父母的矛盾，则建议他回家和父母敞开心扉谈谈。

与此同时，按照我和他父母的约定，他们和S也进行了几次长谈，没有了专制，只有真诚的交流。在我们的共同努力下，他认识到了自身的错误，虽然嘴上不说，但从行动上能看出他的确有了悔意，这真是一个好的开头。我觉得黎明就要来了，因为爱的阳光已经让我们的心感到了温暖。

蜕变:风雨彩虹。

如果说前面的教育进程很缓慢,那么事情却在教师节那一天发生了很大的改变,使我觉得爱从我的手中传递到了他的心里。节日的祝福气氛,让我有了对这些孩子进行感恩教育的念头,于是我准备了这样的班会主题:感谢我们的第一任老师——父母。

在班会课上,我首先感谢了同学们送给老师的祝福,接着话题一转,提出了我的看法:"其实今天我觉得你们最应当感谢的不是我们,而是你们的父母,你们的第一任老师。"

我看到S同学和大部分学生一样都愣一下,然后陷入了深思,顿时整个课堂一片安静。接着我以自身为例,以过来人的身份提出了大家所不能理解的父母的良苦用心,希望大家换位思考父母的心情。我又让他们讨论感受,想想之后应当以怎样的态度对待父母。我看到虽然他没在课堂上发言,但他的眼神已经不再迷茫,而是无比坚定。

之后我从他父母反馈的情况中了解到他们已经恢复了良好的关系,他也意识到自己落下的课程,主动提出补缺补差,也不再提转科的事情。

看着他的点滴进步,我由衷地感到高兴。然而他偶尔也会犯点小错误,作业没做完,或者上课迟到,我一直都公平公正地对待,表扬的时候不吝啬,但批评的时候也绝不纵容。我希望他能够正确树立人生观,做到勇于承担责任,知错就改。

在这期间发生了一件让我感动的事情:阶段性考试结束后,他似乎有意识地躲着我。经过和他母亲的沟通,得知他因为考试不理想,觉得对不起老师的关心。我及时找到他,缓解他的压力,告诉他做最好的自己,就是对他人最好的回报。与此同时,鼓励他在下次考试中再接再厉,取得辉煌佳绩。离开办公室的时候,他哽咽着说:"老师你放心,我下次一定会考好的。"

看着他远去的背影,我想到这样一句话:爱的阳光,什么都不能阻挡,它近在身旁,照入心灵,爱在风雨中闪亮。

他虽然不是最优秀的一个,但已经完成了蜕变,我看到了他越来越多的闪光点。也许因为年纪差别不大,所以他才能卸下防备,把我当成朋友,但我相信,这是爱的力量。

教育家吕型伟说:"教育需要爱,也要培养爱。没有爱的教育是死亡的教育,不能培养爱的教育是失败的教育。"罗曼·罗兰则认为:"要播撒阳光到别人心里,先得自己心中有阳光。"只有我们教育工作者心中有爱,才能让阳光照进学生的心灵。所以,我要更加努力地发散出光和热,把希望带给每个学生,用真诚去关心每一个纯净的心灵,指引他们走上正确的人生道路。

(合肥六中　吴芳芳)

四、润物细无声　"欢乐"在校园

今天我要讲的这个例子的主人公是一对名叫欢欢和乐乐的双胞胎,这是一个平凡而简单的故事,也许只是因为它发生在一个特殊的日子,才让我们记忆深刻。

那是几年前的12月24日,是一个星期天,是西方圣诞节前的平安夜。大街小巷洋溢着节日的气氛,空气中弥漫着快乐的因子,正是一段家人团聚、朋友相会、温暖美妙的幸福时光。但是这个夜晚对欢欢和乐乐这两个17岁的女生来说,却没有丝毫的欢乐可言。姐姐欢欢的家里,每个人都沉默不语,在后来的日记中欢欢写道:"她躺在床上,爸在我的房间,这种情形让人难以呼吸,看来他们又吵架了,爸让我叫她吃饭,我便去了,谁知换来的是一顿莫名的打骂,接着他们便是激烈地打斗和争吵……"

其实,从两个孩子7岁那年,欢乐似乎就已经远离了她们。说来那已是十年前的往事,父母感情不和,婚姻走到了尽头,法院判决姐妹俩由父亲抚养,母亲孤身离开了这个家。之后的几年内,父母又分别重新组织了家庭。在姐妹俩10岁的时候,后母生下了一个男孩,这对于重男轻女思想非常严重的父亲来说,真是天大的喜事。但对于欢欢乐乐姐妹俩来说,在这样一个家庭里,父亲与姐妹俩的关系因此变得越发敏感而脆弱。她们认为是继母破坏了父亲和她们之间的感情,继而牵扯到那个还在牙牙学语的小弟弟,认为是他夺走了父亲对她们的爱。姐妹俩觉得处处受到压抑。

斗转星移,寒来暑往,在摩擦和交往中,两姐妹已经出落得亭亭玉立,在2005年的夏天,双双考入了合肥四中。也在这一年,父亲提出自己负担过重,和两个孩子的生母商量,请求分担,母亲虽然早已改嫁,但还是同意了父亲的请求,于是姐妹俩不得不在共同生活了15年之后生生地分离。性格内向,平时就少言寡语的欢欢留了下来,而较为开朗、个性较强的妹妹乐乐去了母亲那边。高中的第一年,姐妹俩白天在一起念书,晚上又必须回到各自的家。快乐的时光总是那么短暂,在学校里姐妹俩出双入对,和同学们嬉戏玩耍,而放学的铃声响起就是分手的时候。姐姐欢欢不由地越发抗拒那个家,以前姐妹俩互相照应,现在都得自己一个人去面对,性格的原因以及目前姐妹俩的不同处境,使她和继母之间难以沟通,两人的关系如履薄冰。就这样又过了一年,高一的生活忙碌而丰富,妹妹乐乐在这一年的合肥市高中生作文竞赛中荣获三等奖,在这项主要面对高三年级学生作文竞赛中,乐乐能够榜上有名实属不易。紧接下来就是高二年级的分班考试了,两姐妹出色发挥,再次双双考入了文科重点班。日子流水一样地过,姐妹俩的学业也越来越紧张,她们全身心地投入学习中去。她们觉得,希望就在前方了,按照她们的成绩,只要正常发挥,可以预见,一年以后的高考是有相当大的把握了。所有家庭生活的不快似乎都是可以忍受得了,直到发生平安夜晚上的争端。

让我们再回到故事的开头,回到那个让欢欢不堪回首的平安夜。时间是晚上的9点,在父母的争吵和后母对自己的打骂之后,欢欢趁他们不注意跑出了家门。夜色茫茫,灯红酒绿,外面的世界很精彩,朋友相见,家人聚会,到处充满了节日的喧嚣,到处弥漫着欢乐的氛围,温暖美妙,而此时的欢欢却满脸泪痕。她要到哪里去呢,她又能去哪里呢? 身心俱疲的她只有打电话给自己的妹妹。此时的乐乐却已进入梦乡,一阵急促的电话铃声把她惊醒,话筒里传来姐姐的哭声……

姐妹相见,自然是一番抱头痛哭,姐姐无论如何不愿回家。北风呼啸,两姐妹何去何从? 困境中的她们想到了自己高一时的班主任——李刚老师,姐妹俩顾不得时间已经很晚了,拨通了李老师的电话。电话那头传来熟悉的声音,平时伶牙俐齿的妹妹欢欢却语无伦次了,一时间话也讲不好了,李老师听出了个大概,在电话里安慰两个孩子,但还是放心不下,问清楚地址,李老师赶忙打车过去。见到老师,两姐妹感动之余又觉得不好意思,李老师却说:"学生能信任我,我总是很高兴的。"李老师了解了事情的来龙去脉,两姐妹的情绪也渐渐平静下来。得知欢欢还没有吃饭,李老师带姐妹俩去肯德基吃了一顿,那个平安夜的晚上,李老师耐心地倾听两姐妹的诉说,慢慢地劝导欢欢,和姐妹俩商量着如何解决问题面对困难……夜已经深了,李老师将姐妹俩送回各自的家,等到一切安顿下来,零点的钟声已经敲响,圣诞节到了……

第二天,李老师及时将情况反映给两个孩子的现任班主任,郑诗海老师和我。当天下午,孩子的继母不请自到。那是一个非常干练的女人,不等我们发问,她很爽快地承认自己打了孩子,但她不认为这样做有什么错。而这一点,让我们三位班主任觉得不可理喻。但是从她的叙述中,我们也了解到,她对于两个孩子的成长,特别是学业,也倾注了很大的心血。从小时候辅导功课,到每天饮食起居的照料,也许谈不上无微不至,但应该也是尽职尽责,这也得到了两个孩子的承认。在后来的深入交谈中,我们感觉到,这位母亲在教育孩子的问题上,还是信奉"棍棒底下出孝子"的守旧思想,在方式方法上,显得有些过于急躁和粗暴了。

后来我们也请来了父亲。我们认为父亲是解决争端最重要的一个人,我们希望他能起到化解孩子和后母之间矛盾冲突、缓和家庭气氛的积极主动的作用。但是这位父亲显然已是焦头烂额,对于出现的问题他不回避,但一筹莫展,反复强调的是,自身已是难保,面对此种局面,不知如何是好。

事情在这时陷入了僵局,姐姐欢欢无论如何不愿再回那个家,而继母口口声声含辛茹苦,父亲却又没有主张,双方矛盾似乎不可调和。看着泣不成声的欢欢,看着情绪激动的后母,我和另外两位老师觉得,无论是从两姐妹的学业,还是从这个家庭以后的生活来讲,这个事情最好能有个圆满的解决,如果三言两语打发了,可能这次争吵结束了,以后还会有无穷的摩擦。看着天色已晚,我们决定请孩子的家长回去再好好琢磨琢磨,冷静一下,本着解决问题的原则寻找矛盾的突破口。我把两个孩子安排到我父母家里住了一晚,也让她们姐妹一起商量一下。有句话说得好"将心比心,以心换心",我想这是我们解决争端最好的方法。

圣诞节之夜,老师、学生、父母、孩子、学校、家庭,方方面面都在等待事情的好转。

新的一天开始了，清晨的寒风有些刺骨，两个孩子来到学校。她们商量的结果是决定离开家，租房子在一起生活。当我们把这个想法告诉她们的父亲，他在反复考虑后给我们回复，觉得这也许是个办法。但是我们三位班主任思来想去，纵然孩子的父母同意，纵然这样可以避免后母和欢欢之间的争端，这个办法却不是在解决问题，而是回避矛盾。不说两个女孩子在外面租房的饮食起居谁来照料，人身安全谁来保障，就算这些都能解决，可是我们想到，这样一来，本来已有的隔阂不是没有弥补反而加大了吗？本来的矛盾根本没有解决，只是暂时掩盖了！

我们决定把这两天发生的事情向学校领导汇报，校领导非常重视，他们立即放下手头的工作，和我们一起寻找解决问题的最佳方案，在认真权衡之后，我们认为可以帮助这两个孩子和这个家庭解决争端。这天下午，我们决定把父亲和后母再次请来，电话沟通后，两人同意下班后过来。

终于，两个孩子、父亲、后母、三位班主任和学校的三位领导坐到了一起。程国霞书记、李晓红校长向两位家长了解了情况，经过耐心而富有策略的交谈和沟通，后母认识到自身的问题，承认对孩子打骂的方式是不妥当的。同时，张士涛校长正和两个孩子恳切地交谈，张校长循循善诱，谆谆教诲，动之以情，晓之以理，使孩子们醒悟自己一直以来对后母的抗拒心理阻碍了双方的沟通。

谈话的过程并非一帆风顺，请允许我略过不谈，因为只要我们的心思没有白费，就是最大的安慰，至于其中的辛苦，已经无须挂齿。

不觉之间，已是晚上9点多钟，正是深冬的季节，寒风凛冽地吹过，而大家却没有一点寒意，目送欢欢和父亲、继母并肩离去，我们的心里久久难以平静。也许不经意间，我们谱写了一曲学校和家庭、老师和学生、父母和孩子之间的和谐之歌。

作为一名中学教师，面对的是正在形成世界观的青少年。"好雨知时节，当春乃发生。随风潜入夜，润物细无声。"我们要深刻认识到自身工作的特殊性，时时刻刻坚持用自身的言行举止来塑造人。

（合肥六中　彭胜文）

第五章　合作教育

第一节　为了共同的愿景：与其他教师合作教育

一、我为语文老师"撑腰"

苏联教育家马卡连柯曾经说："哪里教师没有结合成一个统一的集体，哪里也就不可能有统一的教育过程。"也就是说，班主任的工作卓有成效，不仅仅取决于班主任个人的工作态度、能力和水平，还取决于教师集体以及教师与班主任的配合程度。所以，积极主动地加强与任课教师的联系，获得他们的支持，才能更好地搞好班级的管理工作，形成一个团结友爱、积极向上的班集体。下面就班级中发生的几件事，谈一谈班主任如何与其他教师合作，进行有效的班级管理。

一个天气阴沉的下午，语文老师向我反映，小王同学的作业没有按时交上来。于是，课间我就找了小王同学询问原因。他告诉我，由于家距离学校较远，早晨上学急着赶公交车，作业忘带了。我就告诉他："以后对待作业，要养成良好的习惯。每天晚上睡觉前，要检查一下书包，看看第二天要交的作业是否都放在书包里了，以防止第二天赶时间有所遗漏。"小王同学认真地点点头，表示知道了。我也就放心了，心想这下语文老师很快就能拿到小王同学的作业了。

可是第二天，语文老师又来找我了，说小王同学依然没有交作业。不仅如此，还在课堂上有意捣乱，使整个课堂吵吵闹闹，想学的学生都没有学习的环境。这下，我觉得问题大了。放学后，我把小王同学留在了办公室，跟他好好地谈了一次。

我问他为什么还不交作业。他说："我觉得语文课不重要，语文课谁听不懂啊？又是自己的母语。"从学生的口气中我听出了学生对语文课的轻视，于是我苦口婆心地说道："虽然语文课你都能听懂，但是能代表你语文能考高分吗？按时完成作业是学好一门功课最基本、最重要的一个环节，绝对不能轻视、无视它的存在！"最后我问他："你的语文作业到底有没有做？"小王同学低下了头，红着脸说："没有。我原来说的都是假的，都是借口。我今天回去就做语文作业，再也不欺骗老师了。"

这件事情过后，我又及时地找语文老师了解情况，发现不仅仅是小王同学一个人轻视语文课，还有一些同学有此想法。原来很多学生的心中只有班主任一人，班主任所任学科作业完成很好，在班主任面前犹如老鼠见了猫，然而对其他科任教师的课却充耳不闻，对待作业抱有敷衍的态度。于是我利用班会时间，开了一次主题班会——"我的语文我做主"，指导学生认真对待该科目。同时，对学生的点滴进步，让每科老师予以肯定、表扬。在班主任的严格要求与科任老师赏识教育的作用下，很多同学上课能认真听讲了，作业按时完成了，我班的语文成绩在考试中也提高了。

经过这次教训，今后凡是有科任教师向我反映情况，我都会在该门课的上课时间在教室外巡视，掌握学生在每一节课的表现，发现问题及时纠正。作为班主任，我虽然喜欢听科任教师对本班学生的赞扬，但是我更愿意听科任教师对本班学生的批评。我会正确对待科任教师所反映的问题，积极采取相应措施认真解决，绝不对学生护短。

正如查有梁教授所言："任课老师和班主任是一个团队，我们一定要有团队精神，把这个课堂行为的管理搞好。"班主任和任课老师只有齐心协力，才能建设好班级这个"和谐小家"。

班主任处在任课教师和学生这一人际关系的中心，只有及时协调三者的关系，使之处于和谐的互动状态，才能推动班集体健康发展。所以我作为班级建设的"总导演"，为协调学生和任课教师的关系，就要在二者之间搭建一座理解的桥梁。

（合肥六中　张萍）

二、润物无声

去年我担任了高一(17)班的班主任。在此之前我已经担任多年的班主任工作。经过去年一年的工作,我对学校的班主任工作有了更深刻的认识。结合自己在班集管理工作中的一个例子,我谈一下自己对班主任工作的理解。

刚开学不久,班级发生了一件事情,劳动委员觉得有两位同学没扫地,所以就罚她们继续扫一天。第二天,我去看一下,那两位女生根本不扫,我问了一下,说她们已经扫过了,为什么还要安排她们扫。由于她们与劳动委员各执一词,当时无法判断。所以我就叫劳动委员另外安排两位同学。我估计这两位女生没有做到位,垃圾没倒,她们对我说了一半真话。而劳动委员的处理方式也不是很妥当,她们不扫,影响的是班级卫生,矛盾会加剧。所以,我决定找个时间找这两位女孩子好好谈谈。

第二天的班会,没有一句批评,带着一种惋惜的口气,结合我班入学以来出现的各种问题,我给同学们讲了做人的态度,讲习惯的养成,讲细节影响成功的道理……进行推心置腹的交流。最后,再跟他们强调值日生的职责,要做到位。

果然,接下来几天值日的情况好了很多。那两名同学还主动向我承认了错误,谈了自己的认识,劳动委员也认识到自己的错误。趁热打铁,我给了她们鼓励,并向全班同学提出了新的要求。

作为班主任,作为管理者,我认为最重要的是构建一个和谐文明、积极向上、团结奋进的班集体。

首先,班主任是核心,是引导者,更是组织者。班主任应融入学生当中,成为学生信服、尊敬的"领袖",万万不可与学生对立,形成单纯的管理与被管理的关系。最直接的一点就是不要当众发脾气,这不但起不到好的效果,而且会在学生心中留下老师爱发火、不亲善的印象,久而久之,难以服众。

其次,班主任管理要公平。大事公平,小事更要公平。公平体现在你的一言一行、你的一举一动:男女同学要公平,成绩差异同学要公平,班委与同学之间要公平。处理问题要就事论事,尽量避免带有个人色彩,不要针对个人。

再次，班主任要以身作则。中学生最容易模仿，班主任的一些思想会潜移默化地影响学生。有时候，处理一些细节问题，"此时无声胜有声"，一个动作就能胜过千言万语。

最后，我要谈的是班主任要充分尊重和信任学生。不要吝惜你的赞扬之词，有问题及时处理，有了进步更要及时表扬。学生希望得到老师的认可，更渴望得到表扬，这会激发学生强大的学习动力和信心，也会是班主任融入班集体而与学生交流沟通的良好溶剂。

（合肥六中　孙卫杰）

三、在宽松的氛围中引导学生发展

班干枭是个很不错的孩子，成绩一直稳定在班级前十名，平时做事比较有头脑，能以大局为重，懂得谦让，在班级威望较高。有一次课外活动时间，学校组织教师开会，留学生在班级看关于尼克·胡哲的纪录片《没手没脚没烦恼》。我带去电脑并且播放了尼克·胡哲了纪录片，安排枭负责班级秩序，让他等纪录片放完之后把我的电脑送回办公室。安排好这一切之后我便去开会了，走到半路想到笔丢在班里了便回去取，到了班上居然看到枭在调试电脑，播放他自带的电影。相信其他班主任和我一样，看到自己信任的班干居然这样做，自然很生气。我并没有立即发火，冷静了几秒钟之后，我当着全体同学的面训斥了他，并让他以后以身作则，纪录片看完后写观后感第二天在班上读，并将观后感发送到学校德育处邮箱（观看纪录片的活动是由学校德育处组织的）。

班干枭平时表现不错，成绩优异。有一次班级投票他获得了学校颁发的奖学金，而他主动找我说家庭条件不错，让我把奖学金发给需要帮助的同学。对于这样一个品学兼优的孩子，出现这种事情后，我进行了深刻的反思。

虽然枭平时表现不错，但他毕竟是个孩子，爱玩、爱表现是孩子的天性。另外，我平时较为宽松的管理模式可能也给他传达了一些错误信息，以为我事事好说话，于是忽略掉了什么可为、什么不可为的标准。在我推开门时，看到我满脸的怒气，枭的脸一下子就红了，那一瞬间我就知道他已经意识到自己做了不该做的事情了。之所以在班级批评他,主要是突出在集体中进行教育的优势,同时也告诉其他学生做错了就该受到惩罚,班干犯错会受到更大的惩罚。第二天他在班上读了纪录片的观后感,并做了深刻的检讨。观后感写得很有文采,检讨写得也很真诚、深刻。我当场表扬了他的写作能力,肯定了他平时为班级所做的贡献,同时要他以此事为转折点,以后做事情时要清楚什么事可以做、什么事情不可以做。

值得一提的是,有一次在别的班级监考中,我看到那个班级的墙上居然张贴着枭所撰写的观后感。原来这篇文章被德育处放到了学校网站上。为此我又专门在班上表扬了枭,为他挽回了面子。后来,枭更加配合我做班级管理工作,同时成绩也在一天天提高。我相信,两年以后的高考中,他一定会成为我们的骄傲。

根据当前高考模式和人才需求模式,我认为在对孩子进行教育时,要给予一定的宽松度,我一直坚信学生成绩的再提高与其思维的发散性有较大的关联,个人处理日常事务的灵活性、机动性是可以迁移到学科知识的学习上的,如果过度限制学生处理事务的方式方法,会阻碍这部分学生成绩的提高。所以平时我在班级管理上,更多地让学生自己决定该干什么、该怎么干,我只是适时地引导一下。诸如每次考试之后都会有反思一样,在每周一次的班会上我们也会展开讨论一些身边或社会上的热点事件,一方面听听大家怎么说,另一方面对不当的想法进行及时矫正。这样既调动了孩子的积极性,又锻炼了其自我管理的能力,从而更加成熟地面对自己的人生。

(合肥六中　马善恒)

第二节　为了相同的心愿:与家长的合作教育

一、马杨的进步

班上有一名学生叫马杨(化名),刚开始我对他不是很了解,随着深入的了解,才对他有了一些认识。他平时寡言少语,与同学交流很少而且也不与老师交流,学习成绩也不是很理想。面对这样一位学生,我下决心要帮助他、改变他。于是我就开始与马杨妈妈交流,第一次接触,她就毫不隐讳地把原因说了出来。原来马杨以前成绩还不错,但是几年前他父亲得脑瘤长期卧床,妈妈下岗而在外面打工,所以家里经济情况很差。他被这些事情困扰,所以学习成绩一直在下降,学习也没有了劲头。听了马杨妈妈的话我感到家校联系的重要性,经过和马杨妈妈的探讨,我们达成一致:家校合作,及时沟通,共同育人,促其进步。

在此之后我就多留意马杨,发现他有不少优点:聪明、机灵,同时为人很老实。我针对他以前数学成绩较好的优势,让其担任课代表,让他由对数学的爱好和成绩的提高来带动其他学科的学习与进步。同时根据他老实的品性,我让他担任小组长,让他在这个领域充分发挥他的聪明才智,并在不同的时期给他制定不同的目标。通过一段时间的努力,我惊喜地发现马杨转变了许多,也能很好地达到我们给他定的目标。在此,我也进一步感受到了家校合作带来的丰硕成果。

我给了马杨妈妈一些建议:首先,我会找时间和他谈心,会在放学后家访,实地勘察。其次,希望家长给孩子一个畅通交流的环境,及时了解孩子的内心动态。再次,当孩子在家出现错误后,如不接受家长教育并改正的话,一定要及时与老师联系,共同使劲帮助他及早认识、及早改正。听了我的话,马杨妈妈连连点头,决定配合我,一定要改变马杨。同时,要给他下一个明确的高中阶段的奋斗目标,一个切合他自身实际的目标,家长和老师共同配合来推动他目标的实现。

学生的某些表现背后都有原因,这确实需要家长和老师及时沟通、联系,建立强大的家校联合教育体系,使我们对孩子的教育保持家校的一致性。另外,善用他们的表现欲和荣誉感,巧加奖罚,使其明理。面对问题,我们不能着急,不能指望立竿见影,要做好充分准备,打持久战。要善于利用孩子的心理,动之以情,晓之以理,必要时还要责之以巧。另外,家校联系很重要,家访、通电话、家长会等方式,我们都要好好利用。

那么,教师如何消除家长的"惧意",和家长沟通呢?

首先,老师应该放下"架子",有老师就问了,老师有"架子"么?我的回答是有的。以我所见,当我们面对学生家长的时候,总会不经意地摆起了"架子",把家长也当成了学生,家长也仿佛回到了自己的学生时代,对老师诚惶诚恐起来,为了孩子,对老师"委曲求全",不反驳。其实,很多家长都受过高等教育。但他们在老师面前,完全像是一位小学生面对着自己的老师。这就是我们教育过程中存在的不容忽视的一个严重的问题,需要改正。老师要放下"架子",面对家长,我们应当少一些责备,多一些沟通,少一些吩咐,多一些建议。应当把学生家长当做朋友、诤友,和他们共同探讨孩子的成长、教育的问题,不能认为"我是老师,你就该听我的"。

其次,作为家长,要有和老师沟通的诚意。现在很多家长觉得给孩子要吃好的、喝好的,不能让孩子受半点委屈。但对孩子在教育上投入的精力不够,一味地迁就。特别是对孩子的独立性和良好习惯的培养方面,更是如此。他们可能也认为老师说的不无道理,但就是不愿"委屈"自己的孩子,对于和老师的沟通总是虚假应付,没有一点诚意,直到老师对其孩子丧失信心。另外,家长与教师由于教育方式、方法的分歧缺少一个和谐的沟通氛围,也容易产生一些难以沟通的障碍,也很容易导致老师对家长的家庭教育方式不满,家长对老师的教育方法有意见,使两者之间的沟通不能顺利地进行,所以沟通需要共同的诚意。

通过以上例子,我觉得,如果家庭教育和学校教育存在着较为严重的脱节现象,特别是家庭教育和学校教育在手段和态度等方面不能很好地结合,学校与家庭之间分别进行教育,不能形成合力,就达不到教育应有的效果。

因此,尽快改变家庭和学校之间出现的教育配合失调现象,改善家庭和学校合作教育环境,建立有效的家校合作机制,是学校实现教育目标、提高办学质量的重要基础。

今天已经是信息化时代,不少学校建起了电子校园网,学校与家长的沟通更加方便,家长可以通过网络了解自己子女的在校情况。学校的老师亦可借助留言信箱给家长写信息,及时进行沟通,共同教育和培养学生。

教育不仅是学校和老师的责任,也是社会和家庭的责任。教育需要全社会的支持,更需要老师和家长的通力合作。希望家长能真心地和老师多联系,同时老师也要加强与家长的沟通,共同努力,为孩子的成长和发展创造更和谐的氛围,让他们在人生道路上走得更远。

(合肥六中　孙琳)

二、为"省心"的孩子减压

曾经,我带过一名高三学生。该生学习成绩优异,各方面表现突出,不仅在班级内部名列前茅,在全校整个高三年级级部中亦稳居前50位。尽管他性格稍显内敛,不太爱与同窗交流,但却是老师们公认的最省心的学生。然而一件突发事件改变了我的看法,我开始意识到即便智商再超群的学生也有迈不过的坎,也需要有科学的方法帮助他们摆脱困境。那件事发生在二模考试中。该生考完数学后,其家长突然到学校找我,说孩子下午不肯继续参加考试。当时我感到不可思议,如此出类拔萃的学生怎么会有这样的想法。经过沟通,孩子的家长道出实情,该生高考临考前一直感觉压力太大,经常失眠,曾多次想放弃高考。他们也曾想与我沟通,商讨让该生重新振作的方法,但因各种原因耽搁了。了解事情的原委后,我立即对该生进行了鼓励和劝说。在我和他父母双方的共同努力下,他坚持完成了考试。此后一段时间,我表面上不动声色,实际暗暗对该生的生活学习进行侧面观察和了解。终于,该生按捺不住心中的困惑来找我面对面沟通,使我了解到他心中的忧虑。原来,他发现自己无论如何努力,成绩总不能进入年级前30名,所以在不断自我加压的过程中逐渐迷失了自己。根据多年的班主任教学经验,我与该生进行了诚挚的交流,帮助他分析目前学习中出现的问题,并努力查找解决问题的方法。该生最终摆脱了困境,高考考出了不错的成绩,也拿到了理想大学的录取通知书。

通过上述例子,我深深地感受到高中时期学生情绪容易受到各方干扰,也会有所波动,但只要处理得当,不仅能够帮助学生渡过难关,更能使他们的学习生活发生质的变化,对他们的成长不无裨益。

一是班主任与学生家长要加强信息沟通,以便及时掌握学生的思想及其学习的动态。对于走读生,班主任了解最多的是其在学校的情况,而对他在家里的表现却基本一无所知。所以说,无论是在学校还是在家,学生表现出来的方方面面都是片面的,我们只有做到全面了解情况,才能帮助学生及时解决问题,顺利实现学习目标。

二是对待高智商学生的问题,不宜采用寻常方法,因为那些方法可能早已被其预料到,达不到目的。这时就需要逆向思维,掌握沟通教育的主动权,打好心理战,让学生心悦诚服,接受教师的建议和意见。

三是班主任要耐心疏导,以诚相待,做学生的知心朋友。高中学生的年龄多在15至20岁,这个时期不仅生理上发生着巨大变化,而且心理上也经历着幼稚和成熟的混杂、交替,自我控制能力差。因此,要反复耐心地帮助教育,因势利导,增强他们对学习的自信心。

四是要细心观察,了解学生的真实思想。班主任要根据学生的情绪变化和行为举止窥测其内心深处的变化。通过谈心,打开学生心灵的窗户,使学生无所顾忌,愿意向教师倾诉真情。然后,针对学生不同实际,对症下药。

(合肥六中　朱成东)

第三节　为了一致的目标:与学生的合作教育

一、班干部的"幕后导演"

2011年,我接手高一(5)班时,就发现珍是一位十分积极、肯为老师办事的学生。她从小学开始当班长,一直到初中,都没有断过,对班级管理有着非常丰富的经验。她很快就赢得同学对她的信任,在班干部选举中获得票数最多,成为班长。在我看来,她当班长之后尽忠尽职,这也让我省了不少心。关于班中的事情我全部放手让她做,但是不久之后,情况有了很大的变化。同学对她越来越不信任了,最后发展成全班都反对、抗拒她。有很多同学写信或找我谈,说不希望她继续担任我们班的班长了。为什么一位在老师面前如此讨人喜欢的学生会遭到同学们的一致反感呢?

经过多方面的调查,我发现她在教师心目中和在同学中的形象是完全不同的两个人。在我面前她非常机灵、善解人意,无论我叫她干什么她都做得非常好,而且积极主动。而在同学的心目中她却劣迹斑斑。她作为班长,调位、编座位这些事情都是由她去安排,可她却滥用职权,经常把最好的座位留给她自己及和她关系最好的同学;利用她是政治科代表的职务之便,偷偷把自己的政治这科成绩提高好几分;还利用我让她管理纪律这一职务之便,乱骂人,样子比班主任还"牛"。总而言之,她的自私和办事欠公正使她众叛亲离,就算是她最好的朋友也疏远了她。了解到这些情况后我确实感到十分吃惊,无法想象我心目中的好班长竟然是这样的。

当我准备找她谈时,她却主动来找我谈话了。在当班长不到一个学期的时间里就面临着四面楚歌境地,她非常难过。一开始她并没意识到是自己错了,而是抱怨同学太不近人情,不理解她当班长的难处,老是处处和她作对,不听她的话,所以她提出不当班长了。听了她这些话之后,我首先表扬她这学期以来为班集体争了不少荣誉,为同学、为老师做了许多工作,然后问她:"你是否想过为什么同学这样对你? 比如是工作的方式、方法不好,还是自己有时有点自私,欠公正呢?"她想了想说:"老师,人都是自私的啦,我有时是有点自私,但同学们也是自私的。"说实话,我听了真很火,但我强压怒火对她说:"你说的有道理,自私确实是人性的弱点,但我们应克服它而不是任由它在我们身上生根发芽。你当班长,给自己的定位是什么? 为自己和自己的好朋友谋利益呢,还是为全班同学服务? 如果为了一己之私而损害大部分同学的利益,试问又有谁会认同你? 其结果只能遭到同学的鄙视和排挤。"她听了把头低得好低。我又说:"我听说你在担任政治课代表期间,利用科任老师对你的信任偷偷地不止一次把自己的分数提高?"她把头抬起来说:"是,我是这么做过,我承认,但学习委员李某她就没这么干过吗?"天啊! 这是我们教师一直以来这么信任的班干部吗? 内心的震惊与愤怒让我久久不能言语,才十三四岁的年纪啊! 已经会利用权力这种东西了。可她们毕竟还是个孩子,这么做也不完全是她们的责任,我们教师也有责任啊! 心情平息下来后,我问她:"你觉得自己对吗? 身为班长竟会做出这种弄虚作假的事情,面对老师和同学,你可以心安理得地享受她们对你的称赞和羡慕吗? 鸡蛋这么密都可以孵出小鸡来,何况天下并没有不透风的墙,大家知道了怎么看你? 你可以无愧于自己的良心吗?"我接着给她讲了几个小故事。听完后她流着泪说:"老师,对不起,我知道错了,是我错了。"我最后说:"老师希望你能成为一位诚实、公正、能为别人着想的人。"她坚定地点了点头走了。

通过这件事,我对自己管理班级的方式进行了深刻的反思,我感到一定要注意以下几个问题:

首先,要培养好干部。学生干部的综合素质是在班级建设中锻炼和提高的,但有意识地进行指导和教育是学生干部成长的捷径。班主任应培养他们的表率意识、服务意识和合作意识。对学生干部的工作方法应提出原则性的建议,如安排、协调、指导、监督等,并给予必要的帮助,当好幕后的"导演"。由于我接手这个新班时,没有培养班干部应具备的素质,而是让社会中歪风邪气在这里生根发芽,侵蚀他们的思想,并在班级中形成一个特权层,这对集体、对同学形成了极大的损害,也使我在同学当中的形象受到损害,甚至有个别学生向我表示不再信任我了。所以这时候我必须当机立断对班级进行整风运动,重新选择班干部,组建团结、工作能力强、各方面都能带头的班委。加强对班干部思想教育,让他们在全班面前承诺:要公正无私、为人为己,为班集体谋荣誉。

这件事使我更清楚了一个事实,就是好的班委会能起到班主任难于起到的作用,但班委会不能凌驾于同学之上,要强化他们的服务意识、竞争意识和危机感,能者上庸者下。

其次,班主任要做到公正。教师在学校的任何行为都是教育行为,这就要求教师要时刻注意自己在学生面前的表现,要求学生干部做到公正那班主任也必须做到。因为人要过社会性的生活,其生活的美好程度最终有赖于社会制度和社会各方面条件是否有益于人的生活和生长,此时,公正的社会秩序便成为每一个人的追求,公正也成为每一个社会人发自内心的需要。

那么如何做到公正呢?那就是要民主、公开、透明、赏罚分明。公开是实现民主教育的重要条件和手段。班主任在进行班级管理中应有相当高的透明度,以体现师生间、学生间的平等关系,从而赋予学生知情权,这样才能调动学生参与班级管理的积极性,建设好班集体。其中实施和推进班务公开是班级民主管理的必要举措。例如:班规的制定和具体细则,学生的奖励和惩处,学生干部的产生、分工和更换,操行的评定和评语,三好学生和优秀学生干部的评选等,都应公开、透明。发动学生参加管理,做到原则公开、管理过程透明、管理结果受到监督。只有班主任在进行班级管理过程中做到公开和透明，才能保证班级管理的公正、公平，才能使学生参与班级管理、接受班级管理的自觉性得到提高，进而提高班级管理的效率，促进班级建设和学生的全面发展。

这件事使我认识到，班主任工作是一项长期而又细致的工作，既要全面考虑到学生所面临的问题，又要具有极大的耐心和设身处地为学生着想，才能让他们心服口服。一个优秀的班级需要全方位发展，班主任工作千万不能厚"此"薄"彼"。今后的班主任工作中，我还会遇到许多问题，相信我只要以学生为本，尽心尽责，一定能够取得更好的成绩。

（合肥六中　龚大宁）

二、我给学生开设"培训课"

2011年8月30日，迎来了2011届新生，我班共57人，其中男生24人，女生33人。为了9月1日正式上课时班级工作能顺利开展，当天上午我召开了第一次班会，主要内容是确定临时班干部（一个月以后，同学之间熟悉了再民主选举班干部）。由于没有学生档案，不了解学生情况，我采用的方法是：指定加自愿。

首先指定学习委员与文艺委员：学习委员由中考成绩是班级第一名的王子安同学担任；文艺委员由艺术特长生徐玫担任。其次是请初中担任过班干部的同学举手，全班只有3人举手。根据3人的意愿，这3人分别担任班长、副班长和团支部书记。再次是请愿意当班干部的同学举手，结果全部只有熊博文1人举手。于是我就任命他担任劳动委员。

全班只有4人举手。对于这一现象，当时在我的大脑中闪现了3个可能原因：一是我班同学在初中担任班干部的人确实很少；二是怕影响学习，不愿意担任班干部；三是对当班干部不积极、不主动，习惯于老师指定。

9月1日开学的第一天，我对全班同学进行问卷调查统计：初中担任过班干部、课代表等职务的有26人，通过谈话得知不愿举手的主要原因正如前面所述。

通过两周的观察与思考，高一（28）班的优点是班干部都能认真负责，同学们遵守纪律,课堂上十分安静。缺点是卫生习惯差,如乱丢手帕纸,吃过的零食包装袋、透明胶带等到处乱扔,劳动不积极,如擦黑板不准时,打扫卫生不积极(有些女生不愿意扫地)。

于是,我给班干部开设"培训课",培训班干部的主要内容如下:

(1)对班干部进行分工,各司其职。如班长主持班级全面工作、班费管理、协助班主任召开家长会;副班长主要负责考勤与纪律;学习委员负责了解老师教学情况,反馈同学们的要求与存在的问题;劳动委员负责卫生工作,包括值日生的安排,督促与检查卫生,劳动工具的准备、分组等;团支书全面负责团支部的工作,负责出黑板报;体育委员要督促同学做好两操。我告诫班干部:遇到突发事情时,第一时间告诉班主任,然后做适当处理。

(2)培养班干部的责任心。要求班干部关心集体,团结同学,热心为同学办事。如班长要尽快为同学们办好学生证,方便学生家长及早给学生办理优惠公交卡;团支书要尽快办理团员组织关系的转接;学习委员及时了解同学进入高中后学习中出现的困难,帮助同学尽快适应高中的学习等。

(3)指导班干部处理好各种关系。如工作与学习的关系、自己与老师的关系、自己与一般同学的关系。班干部既是学生中的一员,又是学生的管理者,处理好自己与同学的关系,是搞好班级工作的前提与基础,要求班干部乐于奉献,劳动中积极带头,摒弃"高高在上"的错误观念。

(4)对班干部严格要求,赏罚分明。如班干部的言行对同学的影响很大,因此需要做到以下几点:穿着上要朴素大方,谈吐要文明,不说脏话;纪律上要求同学做到的,班干部必须先做到,形成良好的班风;学习上要勤奋努力,带动同学形成良好的学风。发现班干部的错误,我要及时批评指正,指导其工作方法与学习方法,提高工作与学习效率,做到工作学习两不误。

(5)帮助班干部树立威信,提高工作能力与协调能力。

第一是做人要正,关心集体,团结同学,做同学的表率。同时要使他们明确:自身的威信不是班主任给的,而是靠自己的工作态度、工作方法和综合素质树立起来的。下面举一个例子:我班的劳动委员工作积极、负责、能吃苦,但在初中没有担任班干部的经历,工作方法差。如他发现教室地面有纸屑,就自己捡起来送到垃圾桶里;上课铃响后,发现黑板没有擦,就自己去擦;女生不愿意扫地,他就只安排男生扫地,女生只擦黑板。我发现这些情况之后,与他进行了一次长谈。在谈话的过程中,他认为劳动委员事多,影响学习,还会得罪同学,向我提出不想继续当劳动委员。于是我和他的妈妈共同指导他的工作方法,要求他立即整改。对女生不愿扫地的做法,我在全班进行了严厉的批评,指出不爱劳动的危害,在综合素质评价中不能评A等,大学毕业后,没有哪家公司或单位愿意接收不爱劳动的人。男女生都要轮流值日,一视同仁。经过一学期的工作锻炼,该劳动委员的工作能力有了很大的提高。今年3月"向雷锋同志学习"期间,他主动带领全班同学到物理实验室打扫卫生,擦实验台、擦门、擦窗玻璃,井然有序,受到了实验管理员的好评。在今年3月学校征文活动——"寻找身边的感动"中,我班团支书记还为他写了一篇文章《好人——熊博文》。最终,他作为感动六中的学生典型,在全校教职工大会上和高一年级学生大会上得到了学校的表彰。

第二是提高成绩,尤其是学习委员与课代表要提高成绩。同学遇到难题,要和同学一起探究,成绩差的同学向班干部请教学习问题时,班干部要耐心解答,以促进大家共同提高。

第三是展示班干部的长处与优点。在班会课上,班主任要向全班同学介绍班干部的特长与优点,帮助班干部树立自信心与威信,对班干部的工作成绩及时给予肯定与表扬。在班级集体活动中,培养同学们的团结协作能力与凝聚力。如在今年4月学校举行的三人篮球赛期间,团支部组织女生拉拉队,为上场男生加油鼓劲。比赛结果,高一(28)班荣获三人篮球赛第一名。

培训给我带来不小的收获,也使我感慨良多。首先,班主任对班干部进行合理分工,责任分明,对班干部严格要求的同时,班主任还要对班干部的工作方法进行指导,提高班干部的工作效率。其次,班主任要敢于放手,让班干部积极主动开展班级工作。这样既能培养和锻炼班干部的工作能力,也能使班主任从纷繁复杂的班级事务中解脱出来,从而更有时间有针对性地进行教育教学工作。再次,如果班干部在工作过程中出现问题或不足,班主任不要只是批评或者简单地换人,这样对孩子的成长不利,而是要多给予工作方法的指导,同时请家长帮助学生改进工作的方法、改变与同学相处的方式。班主任和家长一起共同提高学生的各种能力,使他们能全面地发展自身综合素质。

(合肥六中　吴兴国)

三、过犹不及

我当了很多年班主任,遇见很多学生,同时也遇见形形色色的家长。高中孩子真难管,很逆反,这是一些家长向我诉苦时最常用的语句。真的只是孩子逆反难管吗?家长是不是也有责任呢?我先讲述自己遇到的一件事情。

小明是我的一个学生,个子高高的,长得白白净净的,给人文质彬彬的感觉,学习成绩一般。在班级里,跟同学交往正常,就是不太爱说话,喜欢看一些玄幻小说。学习一般,不是太差,与人无争,也不惹是生非,可以说是班级里的"隐形学生"。家庭情况是,父母都是大学生,爸爸在市政府部门工作,是部门主任,早出晚归,工作很忙。妈妈也曾经是单位后勤一个科室主管,为了孩子的教育,妈妈辞职在家,做起了全职太太,家庭经济条件优越。应该说小明的家庭环境挺好,父母都是知识分子,他的学习生活主要由妈妈负责。一天,小明的妈妈找到我,眼睛红红的,一看就知道昨晚没有休息好,还哭过。他妈妈向我讲,前一天晚上她就是看到小明吃完饭后又在看小说,不去写作业,就说了两句,说她为了小明连工作也不干了,天天在家为他忙前忙后,做了很大牺牲,可是小明还这样不争气,也不知道抓紧时间。又说她的一个同事的小孩和小明同年级,成绩很好,正说的时候,小明突然一下爆发了,大声呵斥妈妈:"你烦不烦!"说完还推了他妈妈一下,然后摔门而出,直到晚上11点才回家。他妈妈看他回来时还是不高兴,所以不敢再出声,自己暗自伤心。今天来找我就是要我好好讲讲她儿子。

小明的表现是典型的心理学中的"超限效应"。我们经常因为学生的某个错误批评学生时,不是只批评一两次,而是经常在讲其他问题时又屡屡提起,有时担心学生会重复犯错,又不厌其烦地多次讲解为什么不能这样做,说这些话都是为了孩子好。殊不知,在我们多次批评中,孩子的心理已从最初的懊悔、知错发展成被屡次揭开伤疤的愤怒。小明看小说被妈妈屡次批评,被和同龄孩子比较,他的心理已难以承受了,当妈妈这次又提及这些时,积蓄的愤怒终于爆发了,所以才有了这一幕。这就是"物极必反"、"欲速则不达"的超限效应。而小明妈妈由于长期待在家里,已严重脱离社会生活,全部的注意力都在儿子身上,所有的期望、成就感都加注在孩子身上,这使孩子有了不能承受之重,小明妈妈的啰唆其实就是这种过度关注的表现。

我采取以下措施解决此问题一方面找小明谈。但注意"度",就这件事说事,不把他以前的那些错误都说一遍。首先告诉小明,我理解他的不满,但不同意他的处理方式。妈妈的啰唆让他感到厌烦,是可以理解,但呵斥妈妈是会使爱他的妈妈伤心的,他离开家这几个小时可曾想过妈妈有多担心。通过"动之以情"的交流,小明感到我是和他站在同一战线的,所以愿意听我说,愿意接受我的想法。但这种引导要"点到为止",要给小明留个空间,让他自己去思考,才能使小明的心理从对抗转到接受。最后小明同意向妈妈道歉,愿意在学习上做出努力,同时也约束自己尽量不再看小说。

另一方面找妈妈谈。这件事不仅仅是小明的错。妈妈的"过度"批评、"过分"啰唆是导火索。妈妈全部的注意力都用来关注孩子的成长,无形中给孩子增加了很大的心理压力,同时自己也因为事业的无寄托而产生很大的思想压力,妈妈的这种压力也会转嫁到孩子身上。让妈妈了解这些,我建议妈妈可以找点其他事做,只要把孩子的生活照顾好,表面上不要关注他学习,但暗地里要注意他学习态度的变化,随时和我联系,做到"外松内紧"。

我们老师在做很多事时也要注意"过犹不及"的道理。比如批评一个学生不能反复就是那几句话,有时可能一句表扬胜过百句批评。当然"廉价"的表扬也是不可取的。在任何方面都应注意"度",如果"过度"就会产生超限效应。

(合肥六中　陈建宁)

第六章 促进学生全面发展

第一节 注重学生的身心健康

一、用心浇花花自香

(一)学生基本情况

学生姓名:赵诚浩,17岁。
学生的父亲:中铁集团工程师。
学生的母亲:初中数学教师。

(二)辅导前表现分析

1.问题表现

该生刚进高一时,学习成绩在原班级处在中等。没有什么特别表现。但在高一下学期,就判若两人,成绩一落千丈,在班上经常有非常出格的言行。譬如:与原班主任发生冲突,与学生发生冲突,经常带校外无业游民进班,脾气表现得喜怒无常。

2.诊断分析

为了彻底了解这孩子的实际情况,我邀请家长到校,当面聊一聊他的情况:该生平时喜欢上网,喜欢玩游戏。自高一下学期就一直沉迷于网络,经常通宵达旦上网,并且脾气暴躁,已具有典型的网瘾少年的特征。家长的教育和引导,收效甚微。经常与家长对抗,家长反映该生在家经常说喜欢原班主任,但又讨厌她。种种迹象表明该生是一个想学好但又可能受外界影响而不能自拔的孩子。

（三）个案的辅导目的和过程

1.辅导目的

我经过全方位地调查研究，并多次找他谈话，及时地与家长进行沟通，从多方面给予引导，使他从一个老师眼中的"坏学生"逐渐成长为一位大家公认的好学生，并在期末学生测评中被评为"最受欢迎的学生"。

2.辅导过程

第一，加强和家长的联系，学校和家庭双方面配合起来，共同关心学生的成长。

因为在教育中，家庭教育起着重要的作用。家长既是孩子的启蒙老师，也是孩子行为的最直接、最经常的模仿对象。家长的暴躁、倔强、不专心、对一些事情三心二意，都是学生不良学习习惯的源头。

我在与他母亲的多次交谈中，了解到这位母亲在他小的时候十分溺爱他，等后来发现之后，已经不好改啦！因此他并不怎么怕他母亲；而他父亲做事，总是马马虎虎，不是十分地投入，不过有一点儿好处，口若悬河，能言善辩。于是，我给她分析了儿子性格形成的原因，让她树立正确的家庭教育观，把"爱"和"严"结合起来，多同孩子谈心、交流，多用正面事例说明人生的美好。如何引导自己的孩子去除那些不良的学习习惯，对此，不能过于急躁，更不能浮躁，这需要一个过程。并要求他的父亲为儿子做出一个学习的榜样。

第二，找闪光点，扬长避短。

虽然他在学习上存在这样或那样的缺陷，但他也有他的长处，如该生脑子转得快，发言积极，要求上进等，而这些长处就是闪光点。我因势利导，上课时，多给他表现的机会，当他坐得端正时，我就给他一个鼓励的眼神；当他积极发言时，我就毫不吝啬地表扬他，并请全班同学为他鼓掌；作业写得认真，就给他打个"A++"。久而久之，让他觉得自己在老师、同学心目中是个好孩子。接着我又趁热打铁，和他进行了几次谈话，鼓励他只要认真学习一定能考上一流的大学，几次谈话下来，该生信心倍增。

第三，进行挫折教育，增强学生的耐挫力。

经过一段时间的教育，他已经能控制上网时间，但有时在一些同学不安分的时候，不能很好地控制自己的情绪，又犯了先前的那些毛病，犯过之后，我发现他表现出后悔的样子。因此，我把他带进办公室和他进行了一次长谈，给他指出了存在的问题，并告诉他：如何克服自己的不良习惯，并化绊脚石为踏脚石，朝自己的目标努力。同时，我还教给他控制自己情绪的方法。

（四）个案指导成效

第一，自从对他进行辅导后，他已不再持续上网，并善于团结同学，帮助同学。

第二，他的性格变得更加开朗了，不高兴时能努力控制自己的情绪，学习也十分有劲头，进步非常快。由成绩倒数，现在变成班级排名20名左右的学生。同时还乐于为班级着想，有很强的集体荣誉感。

第三，虽然他有了很大的转变，但他仍有反复，我将继续跟踪调查，以正确的方法和态度来引导他。

只要有耐心对待每一位学生，经常找他们谈话，对出现的问题进行专门辅导，经过一段时间之后，就会发现原来他们也是好学生。从这个学生身上，我明白了一个道理：作为一个教育工作者，无论一个学生怎么样，只要坚持"以人为本"，用心呵护他们成长过程的每一步，他们都将会给出一个惊喜。

（合肥六中　程琦）

二、艰难的选择

拿到高二分班的学生名单时，虽然我已经有了心理准备，但是依然觉得掉进了冰窟窿，我看到了一个我非常不希望看到的名字：周某某。这是我们年级部非常让人头痛的一个女生，她经常逃课，爱撒谎，喜哭闹，我想任何一名班主任都可能会将她拒之门外的。我准备在她进班之前先和她面谈一下。

见面的时候，我有点诧异。这是我第一次见这孩子：满脸稚气未脱，说话小声，面带微笑，看起来像个乖乖女，怎么也不像我听说的那样。我将班级的要求和做法告诉她，她总是点头，没有半点抗拒的意思。但是，她眼神游离不定，表情不自然，让我心里有点不好的预感。

和孩子见面之后，我给孩子的父亲打了一个电话，希望他能来学校交流一下，孩子的父亲爽快地答应了。见面后，他的父亲直入主题，将发生在孩子身上的种种事情从初中到现在细说了一遍。听过之后，我的那份担心更加强烈了：孩子在初中特别是初三的时候，就和班级学生不合群，不喜欢和人交往，非常孤僻，而和她唯一要好的同学在初中刚毕业不久，被查出患有抑郁症，这对周某某的心理打击很大，觉得自己和她很要好，估计自己也患有抑郁症。高一之初，孩子学习很用功，成绩总在班级前15名左右。后来一段时间，不知何故，成绩越来越差，直线下降，同学关系处得也很紧张，莫名中总觉得有其他同学要欺负她。由此开始出现不愿意上课，后来发展成旷课，再后来见到学校大门就有一种莫名的紧张，害怕得厉害。

这样的孩子，我还是第一次见到，心里也没底，就去找了级部章主任，向他做了汇报。在耐心地听完我的述说之后，他给我做了认真分析并答应在级部层面给予必要的支持。

我分析，孩子的情况肯定会经过学生之间的口耳相传从而造成班级同学对她的抵触情绪，因而给孩子带来更大的伤害。为给孩子一个良好的班级氛围，我首先做的是调整自己的情绪，去接受她、去关心她。其次，针对高一的情况，在班级给她营造一个温馨的环境和氛围，让她感受到班级的温暖。我把班委会和团委会的干部学生召集在一起，给他们说了周某某的事情，让大家多给予帮助、理解和支持，不能抓住别人曾经的错误和缺点不放，要用集体的力量来影响她、感化她；在座位的安排上，我安排副班长跟她同桌，周围的几个同学也是班级里乐于助人的班干部，使孩子感受到班级同学的温暖。而我只要有时间就找她谈话，让孩子在心里接受我这个班主任。这样，在开学的第一个月内，孩子的状况慢慢地改变，脸上也有了笑容，我自己也很开心，孩子慢慢转变，至少说明这段时间的努力没有白费。我心里清楚，孩子虽向好的方面转变但不是因此而彻底改变，这种状况能保持多长时间，我自己心里也没底。就在这时，一件始料未及的事件发生了。

　　一天，我正在办公室批改作业，我班的班长火急火燎地跑过来，上气不接下气地说："吴老师，你快到教室去，周某某在班上大吵大闹，躲在课桌底下，说她妈妈是坏人，好多邻班的同学都挤在班级外看热闹。"我整个人当时就蒙了：怎么回事呀？我早上还和孩子谈过，当时还好好的。我也顾不得想了，迅速丢下手头的工作，快步跑向班级。一抬眼，看见孩子的妈妈在班级门口一边擦眼泪，一边用求助的眼神看着我。我让其他班级的学生先回去，然后来到班级后面，蹲在孩子的旁边，只看见孩子全身发抖，语无伦次，精神极度紧张。我慢慢地把孩子从桌子底下拉出来，好言相劝，问明缘由，给予安抚，孩子的情绪才稍微好转。另外，我让几位平时和她比较要好的同学来照看并开导她。我把孩子的妈妈请到办公室，同时打电话，把孩子的爸爸请了过来。

　　在孩子的妈妈带着哭腔的表述中，我知道了事情的来龙去脉。孩子的父亲平时比较忙，孩子主要由妈妈来照看。妈妈对孩子要求非常严格，稍不如意，非骂即打，久而久之，孩子产生强烈的恐惧感。而孩子的爸爸很疼爱她，因为在教育孩子的问题上分歧很大，所以，夫妻之间由家庭的吵闹慢慢地变成冷战，家庭的紧张气氛让孩子感到窒息。今天早上孩子没吃早饭就来上学了，孩子妈妈是来送早饭的。谁知孩子昨晚做了个噩梦，梦见妈妈是大坏蛋，在梦里妈妈不停地打骂孩子，所以，孩子早上来的时候，情绪很低落。谁知在刚下课的时候，看到了妈妈，就联想到昨晚的噩梦，情绪失控了。这时，孩子的爸爸过来，知道缘由，夫妻俩之间又发生了争吵，相互指责。我让双方先冷静，思考孩子的问题如何解决，而不是相互指责，现在孩子已经发生了这种状况，这样下去只会使问题更加难以解决，孩子的问题将会更加严重。同时，我觉得孩子的心理问题已经超出我这个班主任能力范围，我建议家长带孩子去看一下心理医生，不能因为面子的事情而耽误孩子的一生。经过规劝，孩子的父母也认识到自身的不足，答应带孩子去看心理医生。事后，我还是非常担心，我班在四楼，孩子万一有轻生的想法，那会酿成不可挽回的后果。

　　出于孩子自身安全、身体健康以及环境影响方面的考虑，我建议家长认真考虑现实问题，我自己也必须做出选择。尽管后来学校和家长都做了工作,我自己也曾几次带着班干部到学生家里做工作,但孩子的情况时好时坏,有次甚至中午没来由地喝二两白酒跑到班级,带来很坏的影响。在这样的情况下,家长从孩子的健康出发,办理了休学手续,在家配合医生的治疗。

前段时间,电话联系,孩子恢复得不错,非常想回到学校学习,我也真心希望孩子有个好的未来!

在整个案例中,我认为家长、班主任以及学校在这个问题上都需要反思:

第一,家长的反思。现在的家庭,大多数是独生子女。孩子承担了家长过高的期望,甚至有些家长将自己未实现的梦想寄托在孩子身上,给了孩子很大的精神压力,孩子缺少甚至没有自己的自主权;有些家长缺少必要的对孩子教育方面的思考,使管理的方法单一、粗暴,认为只要给孩子非常好的物质条件就可以,当孩子考试成绩不理想的时候,采取无节制的谩骂,而不是和孩子共同找出问题的原因;家庭气氛压抑,父母之间的争吵使孩子在家处于紧张中,造成孩子的心理负担过重,即使有问题,也不敢和父母沟通;孩子的爸爸整天忙于工作,缺少对孩子必要的关心,当觉得孩子的教育方向和自己的理念不同时,不是去和妻子沟通,而是要和妻子分个高下,当两个完全不一样的教育思想放在孩子身上时,孩子无所适从。所以,我建议家长要以孩子的健康成长为前提,高分不是孩子的唯一任务,要学会和孩子共同成长。

第二,班主任的反思。作为一个底层教育管理者,要以孩子的成人和成才为目标,尤其要关注孩子的成人。班主任要在班级营造一种和谐、健康、友爱和积极向上的班级氛围,关注每个学生个体,尤其要关注行为有偏差的孩子,不能听之任之,不能让孩子自行解决她自己没办法解决的问题,要把工作做到实处,及早发现问题并用多种方法加以解决,最大限度地使孩子回到正常的学习轨道;教育者不是万能的,我们可以解决正常孩子的心理和学习问题,但是对于偏差比较大或心理有疾病的孩子,需要家长、学校、专门的研究者、治疗者共同努力。就周某某之事来说,我心里也是有种遗憾,有一个非常艰难的选择:这个孩子留在班级会增加班主任的工作量和班级工作的难度,可能会出现严重的校园安全事故,但是简单地将她作休学或转学处理,自己的良心上又有不安。如何协调二者,既可以解决孩子继续上学的问题,又可以使孩子慢慢接受治疗,回到正常的学习生活轨道,这确实是个难题。

第三,学校的反思。随着社会的多元化发展和教育的大众化倾向,各种问题会随之增加,学校是否可以建立一支专门的队伍,加强对这些孩子的疏导和关心,使这些孩子回到正常的学习轨道。同时,各部门协同管理,不至于让班主任处于孤军奋战的窘境。

我真诚地希望每一位学生都成为一个心智健康、自强自立、积极向上的人。

(合肥六中 吴昌发)

三、沉默是最好的方法

育人是教育的目标,有时沉默是最好的教育方法。

每个班级的好学生都是一样的,他们好学、勤奋、健康、向上,而"问题学生"却各有各的不同。在我们班,"问题生"转化的成功案例和不成功案例都有不少,而我在这里想谈谈一个优秀的"问题生"。

我班的一位女同学,成绩很好,守纪律,学习刻苦认真,但她活得很辛苦。家里姐弟三人都在念书。父母是农村的,为了生计,常年在外打工。这个孩子就一个人租房子住,所有的一切都是自己处理。家里经济拮据,她一年四季就那几套衣服,脸色始终是苍白的。自尊的她面对这种处境,当然很自闭,性格很内向。可能是卫生条件跟不上,有些女同学还有点嫌弃她。

这样的孩子就像"定时炸弹",哪一天极有可能因为某一件小事而爆炸。平时很乖巧,可一旦出事就是大事。因她有意保持与他人的距离,老师和同学都很难走入她的心里。怎样从内心深处唤醒她的自信和自豪,是摆在我面前的难题!其实在经济方面我想给予一点帮助,但我不敢轻易去做,我不愿意她每天对着老师都有一种被看穿的窘迫感。我决定:对某些问题,我保持沉默,我让她当班级学习委员,对她工作和学习作严格要求,犯了错误也不放过,促使她感觉到自己有与别人"是一样的"。老师的严格要求其实是个保护,班干部的工作使她多与他人接触并从中找到自信。我本意是要帮助她从窘迫的处境中走出来,但对此从不提及,而是采取迂回的方法。同时积极做工作,改变她一个人生活的现状。她太小,只有14岁!最终,她在上初中的姐姐和学手艺的弟弟从学校寝室搬过来和她一起住。慢慢地我发现了她的变化,在班级管理方面大胆、有主见,是我的得力助手。

花朵是需要呵护的,更需要土壤和空气。

高二下学期,这个孩子因长期营养不良,就像一朵无法开放的花朵,没有十几岁女孩该有的活力,她常常生病常常缺课,成绩直线下降,这更让她身心疲惫。我与她父亲联系希望让孩子母亲回来,哪怕给孩子做点热饭菜,未果。这一天,她又生病没来上学,我想,不能再多想了,必须要去看看她,晚上我到了她的租住房看她,看到她住的地方,触目惊心,狭小而破旧的小房间,放了两张小床,一张是她弟弟的,一张是她与姐姐的,被褥破旧不堪,因是三个孩子(她姐姐也才18岁),卫生情况很糟糕。一张破旧的小桌子,她姐姐说是餐桌兼书桌,唯一值钱的是冰箱,我想,是为了便于储存食物而不得不买的吧。我想到现在大多数城市孩子生活的优越条件,只觉语塞!从那以后,她多少有点窘迫感,我只字不提,虽然担心她的生活现状,但从不问及,慢慢她恢复了常态。可能是多种原因吧,早读时她晕倒在教室里,医生说是癫痫。现在,在我的努力下,她母亲终于从打工的外地回来照顾她的生活。通过接触,发现她父亲是一位能力很弱、目光短浅的人,只知道卖苦力,又有小农意识。她已正常来上学,一切风平浪静,她更沉默。是升学的压力?是家庭的困扰?还是对疾病的担忧?这个孩子将来会怎样,现在还不能断言。但我会继续关注并帮助她。

我们对学生的教育,只有设身处地为学生着想,才能真正因材施教,才能采取合理的教育方法,助其成长!

我们还有很多孩子,因多种原因,小小年纪的他们过早地背上了生活的负担,这种负担不仅仅影响他们的身心健康,还会直接影响他们的前途发展!希望对未成年人的保护更加健全!

(合肥六中 刘素)

第二节　知行统一

一、知行合一，一路心雨

(一)基本班况

高二(9)班理科班,隶属B组团。现共有人数56人,其中18位女生,38位男生。在籍学生共51人,借读学生共5人。高一文理分班后,原9班40人,原14班调配12人,原13班调配1人。

现任课的老师:

语文:朱传胜,崇尚人文、传统、规范。

数学:崔洁,一个女性名字,其实是个瘦小而精于运算的男士,学生亲切呼之"洁洁"。

外语:吴家宏,把班级看作"家"的老师,严肃认真又率性的闪亮"新星"。

物理:汤晓霞,物理学科霸王花主,特喜与学生互动式教学,传道解惑,乐在其中。

化学:胡钦萍,化学学科明珠格格,独爱宁静,不喜浮闹,静中幻化万方,化学精妙于指尖。

生物:夏俊保,和学生最没有代沟的老师,始终微笑着,我呼之小夏。

(二)班级管理认知

班级管理是一个立体工程,作为一位班主任,就如同设计师,心里既要有总体的框架结构,又要有门窗的严谨和精细。面对新的时期、新的学生,班主任要与时俱进,不断更新观念,转换新的思维,以应对新的情况。既要有粗放处的胸怀和大度,也要有细微点的敏锐和严明。

知行关系,简言之,就是认识与实践的关系。"知"是"行"的理论储备,"行"是"知"的实践转化,"行"对于"知"具有重要的促进作用,同时也是"知"的根本目的。也就是说,知识最终必须落实到行为上,其效果必须通过行为及其结果才能体现出来。

课程教学中贯彻"知行合一"的教育理念,对激发学生学习的自觉性,增强学生的主体意识、竞争意识和参与意识,使学生在智力因素和非智力因素协调发展的基础上养成良好的行为习惯,实现知行统一,真正成为德才兼备的有用人才,具有重要的意义。

培养良好的性格,塑造健康的心理,是落实知行统一的重要环节,让学生都能坚信自己,树立自信。因为:没有最好,只有更好。

(三)具体案例解析

我接手这个班级的时候,正是高二刚刚分过文理科而新组建的班级,学生来自三个班,彼此没有那么深的磨合,并且因为分班,同学们多多少少都带点伤感和陌生的情绪。面对这样的新情况,我就开诚布公地告诉同学们:"我也是这个班的一名新成员,你们以前的一切做得都很好,但在我这里的记录,都从零开始!你们不要担心自己过去做了什么让自己感到不安的事情,但从今天开始,你们要用行动来书写你们美好的人生历程。不要怀疑自己的成绩,世界上没有任何一个人天生就是好成绩,也没有任何一个人天生就是差成绩。你们的成绩现在在我这里都是从零开始!成绩和成功不是一个概念,成绩和成功都需要努力和拼搏才能取得!我们一起用两年的时间,共同塑造和建立我们英雄的9班,好不好?"同学们对我的发言回以热烈的掌声,很是兴奋。但我很清醒,掌声代替不了纪律,也不等于成绩,更不等于9班综合素质的提高。

在开始的几周里,他们是比较温顺的,我知道他们实际是在摸我的底牌,在等待我打出手里的牌。有一个李姓同学,在原来的班级就是因为"难缠"而被动员过来的。他学习习惯很不好,存在严重的偏科现象,重数理化生,轻语文和英语。在遵守纪律上,他经常迟到,上课喜欢接老师的话茬,说些与课堂内容无关的东西,既影响同学听课,也影响老师的情绪!为此,我先找他本人谈心,他信誓旦旦"要和自己的以前彻底决裂"!我怀有惊喜,心想这孩子很懂事的呀。但不过两周,他不仅故态复萌,而且变本加厉,认为我对他也奈何不了!

后来又发展到经常抄作业,不写作业,更不能按时交作业,科任老师经常向我告状。我就把他喊到办公室,问他这是为什么。他居然说:"没兴趣写作业。"对此,我就让他写出书面检查,保证不再出现类似的问题!这样之后,他稍有好转,但从此以后,他对语文的学习兴趣大减,作业潦草马虎,要求背诵的课文根本就不愿意背,几次小测验成绩都是班上倒数,继而发展为年级倒数。他对英语的学习状况也和语文差不多,英语老师也很头疼。为此,我把他的父母请到学校里,一起解决,最后商量让他父母把他带回家反思一个下午,调整思想和学习态度,认真解决学习中存在的积极性不高、效率不高的问题,把自己调整到正常的轨道上来。结果他父母把他带到回家后,他中午就和父母顶撞,竟然离家出走。他父母来学校找我,我找到和他关系比较密切的学生跟他联系,傍晚的时候,他回到家里。这件事,对我的影响很大。我决定采取冷处理的办法,把他给冷一段时间。在接下来的一个月里,我非常"漠视"他,座位由双人变成单人,当然这不是放弃,我找两个同学在暗中时时盯着他,一有异常,我就可以第一时间知道。这一招果然奏效,他比原来老实多了,也知道去老师办公室问问题啦,但对我还是敬而远之。我知道这已经进入"拉锯"的关键阶段,我绝不能先把"冰"融化,继续加"冰",继续坚持。就这样持续了半个学期,迎来了高二的期末考试,他的成绩可想而知,一塌糊涂,一败涂地。在成绩出来之后,他醒悟了,主动找我谈了这阶段的认识,承认自己在学习中没有听老师的教诲,走了下坡路和弯路,希望老师相信他能重新站起来,面对自己的错误,奋起直追,迎头赶上!我对他谈了我的看法和前段时间对他的冷处理法,他明白了老师对他的一片苦心和用心!

后来紧接着升入高三后的第一次段考,他的成绩前进到班级前20名,年级前500名啦。现在这个学生成了各科老师口中的标准好学生,班级同学也对他刮目相看。照这个势头努力下去,高考考取重点大学应该是十拿九稳的。

在教学中,让学生由知到行,这中间必须架起一座桥,这桥便是习惯。我们要引导学生在课内课外、校内校外,一边接受良好的教育,一边通过点点滴滴的认真实践,逐步养成自觉的良好行为习惯,要针对学生的实际抓好学生的"基础教育",使学生自觉接受教育,从自己做起,从小事做起,培养学生良好的行为习惯。

知行合一,一路心雨!

(合肥六中　朱传胜)

二、在沟通中增强自信

进入合肥六中工作已经整整一年。2011年11月中下旬,根据学校的安排,我担任了22班的班主任。对于刚刚加入六中的一名新教师来说,这是对我的重大考验。在这将近十个月的时间里,我努力与学生磨合,对学生有了更多的了解,班级各项事务也都有条不紊地开展着。在这期间,我有了一些属于自己的心得。

班主任工作是一项非常复杂的工作,它要求班主任不仅要关心学生的学习情况,同时还要关心学生的身心健康。随着社会的发展,学生的心理健康问题日益突出。如何对待这些个性较独特的同学呢?这恐怕是对每一位班主任的挑战。下面,我就将我遇到的一个案例提出来,供大家一起分析。

学生:张某某,17岁。

学生的父亲:外出务工者。

学生的母亲:合肥某工厂临时工。

(1)问题分析:该生学习习惯较差,作业完成质量太差等,上课注意力总是不集中,成绩一直处于中下等。性格较为内向,平常很少与老师同学交流。有一次,因为心情不好,与后排同学发生口角,甚至有动手的倾向,被同学制止。我将他叫到办公室,写检讨,批评教育,当时该生似乎有悔恨的意思,还流下了眼泪,我又说了很多鼓励的话语,等他心情平复后才让他回到班级。我以为经过这件事后,他会有所改变。但是一个月后,我又发现他把手机带到学校,并在午休时间上网,被我发现,我当时将手机没收了,并明确告诉他,请家长亲自到学校来拿。之后,他的心情一直处于低落的状态。

(2)诊断分析:该同学对自己的未来并没有明确的目标。经过多方了解,我知道他的父亲常年在外地工作,母亲一个人照顾他。在跟他母亲简短的电话交流中,我能感觉到,他母亲对他并无太高的期望。他母亲认为他性格内向,所以在平常的学习生活中总是顺从他的意思,尽量满足他的要求。对于其在学习上的不良习惯，也很少过问和制止，长期以来，才造成其不良的成长习惯。

（3）案例辅导过程：

一是深入交流。经过几次谈话，我从交流的过程中了解到他是一个没有自信的学生，他一直认为自己成绩差，家庭条件不好，在同学面前抬不起头来。各项条件不好，也不会得到老师的重视，因此他也就不会以一个优秀学生的标准来要求自己。知道他的这种心理后，我告诉他，家庭条件不好并不能成为自卑的理由，反而应该成为自己奋斗的动力。而在老师眼里，成绩并不是衡量一个学生优秀与否的唯一标准，更多的还是要看学生的学习态度。只要努力过、付出过，就算最终结果并不是最好的，也会赢得老师的欣赏和同学的尊重。多次交流后，他知道了过程的重要性，慢慢在一些习惯上做出改变，上课不再像以前一样低着头，也会做一些笔记，不再像以前一样总是不交作业。

二是家校沟通。"手机事件"之后，我加强了与他家长的联系。他的母亲总是认为现在的孩子负担重、压力大，所以对孩子要求特别低，对于孩子的未来完全没有打算，抱有一种听天由命的态度。在跟他母亲的谈话中，我将我的观点表达了出来，对于父母来讲，真正爱孩子的方式并不仅限于满足孩子的饮食，不能将教育仅仅当做是一种敷衍。应该从小帮孩子树立正确的人生观、价值观，帮助孩子规划未来，而不能任由不良习惯滋生、发展。要正确对待孩子的优缺点，有了优点要诚恳的表扬，而对于缺点更要及时改正。父母对孩子的期望往往能成为孩子追求进步的重要因素。如果连自己的父母都放弃教育孩子，那么任何一个孩子都会觉得自己的奋斗没有意义。他的母亲也意识到了自己在教育孩子中的疏忽，表态说以后会注意细节，多多深入孩子的内心。

三是寻找自信。在该同学的各种表现都出现一点点改变时，我又将他叫到办公室，对他的改变进行了肯定，让他知道老师是关注他的。当他作业做得比较认真的时候，我还在班级公开表扬他。并跟其他任课老师沟通，对于他的进步要给予表扬。一个月以后，他又有了更多的进步。在近两次考试中，他的名次由班级的45名以外上升到了40名以内。当我在班级宣读进步最大同学的名单时，我特意看了一下他的表情，他的眼神里也透露着一丝欣喜。

张同学的成绩有了一定的进步，但仍有很大上升的空间。而在性格方面，也还有很多需要改善的地方。他对于周围的老师和同学总是有一种距离感。在谈话的时候，仍然是一种被动的态度，不愿意主动向老师敞开自己的内心世界。我想，这是这个年龄段很多学生的共性，而我，作为年轻的女班主任，在跟这一类的男生沟通的时候，总是存在很多困惑，不知道如何把握尺度。班里也有一些类似的学生，性格内向，当他们犯错的时候，总是找不到合适的方式去批评教育。

张同学的成绩处于班级中下等，参照以往的经验，他应该是能达到三本线的。但是我认为，一名高中生的未来绝不仅仅是由成绩决定的。作为班主任，我不希望他带着这样的心态和一些不良的习惯走入大学，走入以后的人生道路，所以，在剩下来的9个月里，我会尽我最大的努力，去帮助这个学生，给予他更多的关怀和鼓励，让他感觉到温暖，我相信我的付出一定会感染他，也一定会激发他的学习动力。

（合肥六中　王大庆）

三、班主任要注重"知行统一"和情感教育

我在任2007级(6)班班主任期间，高一时我班有个来自四十二中的男生王某某。该生中考成绩不是很好，但给人感觉很聪明，脑瓜灵（后来证明确实如此）。所以一开始我让他担任化学课代表，可是随着学习的深入，我班所有老师几乎都反映该生不交作业。我的学科（英语）作业有时也不能按时完成，英语单词听写过不了关。当时我就非常纳闷，也非常着急。这孩子到底是怎么回事？我急切地想弄清楚该生的性格以及他背后的东西，我想走进他的心里。于是我多次和他谈心，耐心地向他陈述学习的重要性，要他努力培养良好的学习习惯。他表面上听我的，我以为这么容易就能改造一个学生，其实不然。

记得在高一上学期的一个周六，我在教室外巡视，猛然发现他在课堂上用手机发短信。要知道，学校规定禁止带手机到校，他居然在上课期间玩手机，太过分了！我当时火冒三丈，一下子把该生"揪"到办公室。我不问青红皂白，一边大声斥责他，一边通知他家长到校。我满以为"真

理"在我手里,他会像其他做错事的学生一样"低头认错",可是我的如意算盘打错了,该生在听我训斥的过程中,不时抬起他那倔强的头,找出我说话中的一些疏漏并跟我论理,作为班主任老师,我感觉我权威全没了。我愤怒的情绪到了极点,我觉得对该生这一次的教育是失败的。

后来他母亲告诉我该生以及家庭情况。原来,该生是个单亲家庭,和母亲生活在一起。家庭的环境及变故使该生慢慢形成了倔强的性格和冷漠的心理,他对外来的并且认为对他不利的事物非常敏感,很抵触。该生母亲告诉我,他每天晚上在家上网,由于孩子暴躁,母亲在家敢怒而不敢言,惧怕儿子。母亲一再恳求我不要把她说的话捅出去,以免儿子回家找她算账。后来,该生母亲每次和我电话交流,反映孩子在家种种"不是"后,都请求我不要让孩子知道"打报告的"是她,这让我非常为难,我若不如实相告,怎么能够有效教育该生。在了解了该生的家庭背景后,我对他关注更多了,我多么希望用我的爱心去感化他。于是我多次和他交流,鼓励他树立远大目标。我欣喜地发现,他对我的话能听进去了。但高一期中、期末考试,该生的成绩还在下降,老毛病还是改不了(在家上网,作业不交,听课不专心)。我真的感觉我要放弃他了。

我根据奖惩分明的原则,同时在班上施行"鼓励勤奋,摒弃懒惰,激励向上,杜绝消沉"的机制。我在高一下学期期末考试后撤销了该生的化学课代表职务。一名勤奋、朴实的同学代替了他。在此之前我在班上说得很清楚:班干部(包括课代表)应在班上起模范带头作用。若一段时间后还是不能改正,则予以撤职。他母亲第二天给我电话,请求我给孩子一个机会(其实给他的机会已够多的了),我从侧面观察到,这事对他震动很大。说明他在意自己的班干部工作,很要面子。这让我重新看到了希望。职还是撤了。撤职后的第二天早晨,我单独和他交流一下。告诉他:班级奖惩制度对事不对人,希望他从中接受教训,努力消除身上的不良习惯,力争成为一名让老师和同学都信得过的好学生。此后我处处留意该生的一些细微变化。该生有时还是不能按时交作业,上课有时还是注意力不集中。但我每次都是课下耐心和他谈心,而不是在班上公开批评他,因为我能察觉到该生也想努力改掉坏毛病。从那以后,该生确实有了可喜的变化:作业基本能按时交了,上课的精神面貌也改了。更打动我的一件事是:我竟然发现该生主动参加了本轮不到他的周末大扫除。我第一时间在班上表扬了他。几天后我乘势又安排他担任小组长。我要求组长每天要做两件事:收发作业;登记未交作业名单。呵呵,他的作业完成并上交已正常啦!慢慢地该生的性格变得开朗多了,看到过去沉默寡言的他不时脸上露出灿烂的笑容,我心里真高兴,我的付出没有白费。高二上期中考试,该生名次由班级50名上升到29名。2010年高考,562分,正好达一本线。

经验总结如下:

(1)在你没有真正了解一个人以及对方也没有完全了解你的情况下,你怎么能指望能走进彼此的心灵呢?

(2)学生犯错是难免的。甚至学生有时会做出出乎预料的事。作为班主任,脾气不能火爆,应先冷静一下,不要那么冲动,换一种方式,给犯错的学生以应有的尊重(这并不意味着纵容学生犯错),平等交流,结果可能完全不同。

(3)了解了孩子的身世及个性,"对症下药",方向是对的,也有一定效果。但是在教育的过程中,我们不但要有爱心,还需要我们有更多的耐心和细心,需要我们多动脑筋,变通方式。

(4)对后进生的教育要多管齐下,对症下药,有的放矢。另外,我深切地感受到,"困难生"更需要集体的温暖和师生的爱和信任。人人都有自尊心。后进生有时更需要别人的尊重。后进生之所以后进,并不完全是他们智力上落后,而是他们学习习惯上有缺失,或是因为家庭等其他方面造成他们心理、性格上的缺失。搭建班集体的平台,让后进生获得成功。只有当他们真正体验到经过努力而获得成功的欢愉时,才能树立起进步的信心和愿望。我的另一种感受是:后进生的转化不可能一蹴而就,一般要经历醒悟、转变、反复(甚至多次反复)、稳定等阶段。所以,班主任工作一定要满腔热情,必须遵循教育规律,"反复抓,抓反复",因势利导,确保后进生不断向前。

(5)作为班主任,你更要做到"知行统一"。就是说老师对学生的要求和承诺应跟实际行动一致,要落到实处,不能言行不一,否则会失去你在学生心目中的威信,会使你的班主任工作无法或很难开展下去。你的言行一致也会带动你的学生这样做。在这方面,班主任就是一个示范。

(6)"爱心"在班主任工作中极其重要。爱在具体实施中,就是要了解、关心学生。要想师生心灵相通,班主任要做学生的朋友,在思想上、学习上、生活上给他们以真诚的帮助和支持。爱就是一种情感教育,因此,不能在某些事情上苛刻地去追求,而是要通过师生的正确交往,倾心交谈,逐渐让学生体会到情感,达到潜移默化的目的。我们可能有这样一种感受:在人生成长的历程中,也许老师一句关键的话能改变一切,让学生受益终生。所以在情感教育中,应注意观察,注意时机。

总之,班主任老师要适时把握爱的火候和情感教育的时机,以实际需要为依据,与学生的心理形成"谐振"。教师的爱是一种特殊工具,借助它是为了一个更深层的目的——激发学生在思想感情上产生共鸣,激发学生奋发向上。作为一名教师,尤其是班主任,有责任、有义务加强自己的情感修养,力求使情感教育技巧化、艺术化,为教学、育人创造良好的氛围。这样,我们就能用双手托起明天的太阳。

(合肥六中　吴家宏)

四、情感交融　心理相容

我所管理的高三(3)班,共有学生49人。与高三年级的其他班相比,我班的特点是:学生都比较静,不怎么活跃。表面上看,大家学习都很认真,但事实上有很多同学学习目标不明确,学习主动性差。这种看似平静但又不勤于学习的现状无疑加大了班级管理的难度。另外,班里基本上没有什么尖子,尾巴却挺大,这也加大了成绩提高的难度。于是,在这么个大框架下,班里同学的问题也就相应复杂一些。在班级管理的过程中,我有一点很明确:学生既是管理的对象,也是管理的主体,教育的过程是师生之间不断交流的过程,既有各种信息的发出和反馈,又有情感的相互交流。教育学生的前提是理解学生,理解学生的前提是了解学生,如果老师不能了解、贴近学生的内心世界,就会增加施教的难度。无数成功的经验和失败的教训告诉我,创设一种和谐的师生关系或教育氛围,是使德育"入心"、"入脑"的基本前提。而要建立和谐的师生关系,老师就要尽力开启学生的心灵之门,感受学生的感受。有这样一个学生思想态度成功转化的案例,让我记忆犹新。

我班有一位同学李某某,平时和同学关系不错,有很多朋友,性格很开朗,尤其爱打篮球、玩手机游戏。但是他有个缺点,脾气很急,特别容易暴躁。有一次在生物课上,因为玩手机被老师发现,结果老师暂时没收他的手机,目的是让他认真听课,他很不满意,就当着老师的面直接走出了教室。事后在我的调解下,他向生物老师承认了错误,在班里也做了公开检查,也和我说他知道自己这样做很不对,不尊重老师,但自己脾气一急,就什么也不记得了,控制不住自己的情绪,说以后会努力改变,尊重老师,不再这样。开始我觉得李某某这个孩子很讲义气,重情义,成绩虽然不是太好,但头脑很聪明。经过这次与老师的冲突,我想他应该从中得到了教训,于是我仍然鼓励他要好好学习,积极向上,并表示愿意和他在私底下成为好朋友。

但之后不久的一件事,使我意识到这个孩子还是需要老师们进一步的教育,让他自己管理自己真不是一件容易的事情。那是学校篮球联赛期间的一天,中午我班有比赛,早自习时我在班外观察情况,发现有几名男生的座位是空着的,但书包都在,于是我就在班级门口等他们。不一会儿,他们几个人就大汗淋漓地走了上来,我带他们几个人带到了办公室询问情况。原来他们是因为要准备篮球联赛所以才没有及时回来上早自习,他们认为早自习并不重要,耽误一两节不要紧。这几个学生(包括李某某)平时学习态度就有问题,且成绩一直靠后,所以我想利用这次机会教育他们,并给全班同学一个警示,因为这种不学习、随便逃课的风气如果压不住的话,就会在班内造成很坏的影响。于是我让这几个学生请家长来学校解决问题,目的是要通过这件事情让他们认识到好好上课、好好学习对于一个学生是多么重要的事情。在解决这次问题的过程中,李某某的态度不是很好,还说什么不参加篮球联赛不为班级争光之类的气话,这让我很气愤,我觉得这个孩子不应该说出这样的话。由于工作经验不足,我一时没有控制住,把这话和他的父亲说了。本想和他父亲一起教育他,但可能这种方法并不妥当,虽然表面上他最终承认了错误,写了保证,但从他的眼神中我感觉到我并没有完全成功地达到教育他的目的,这让我有些不安。

此后,他就开始变本加厉地出现各种各样的问题,不再专心学习,不再严格遵守纪律,不仅影响了自己,也影响了班内的其他同学。我总是不厌其烦地进行教育,严厉地,温柔地,晓之以理、动之以情,等等,因为我认为对于这种脾气的孩子,公平地、公正地给他讲道理的话,会比只去严厉指责的效果好很多。虽然每次都有所得,但是对于孩子来说,当他养成了不好的习惯,他的反复就会很频繁。我想我应该找个时机,给他一次大的转变。

之后的一次课间操,成了我们师生关系的转折点。他的动作很不标准,于是操后我把他留下来,进行了个别谈话。他的眼神一开始很不友好,他觉得自己和以前相比做的已经很到位了,不觉得自己错,而且当我说到一半的时候,铃声响了,他想回去上课,我想如果今天我不把你说服,那么我的教育就没有任何意义。于是我深吸了一口气,开始转变谈话角度,谈到了我自己,我和他的关系,也谈到了他身上的毛病,谈到了他的未来,他的人生之路,等等。我对他说:"李某某,我可以告诉你,现在能够直言你缺点的人才是真心为你好、关心你成长的人,你以后的人生中会遇到形形色色的人,但只有那些告诉你有错的人,才是真值得你信任的人。你现在身上的毛病很多,学习也很不积极,你要明白,你上高中是有很重要的任务的,我相信你是个懂事明理的孩子,应该能分清主次。学习的困难,我们可以团结起来一起克服一起进步。你现在的状态很不好,如果你对老师有意见,那么你可以直接提出,好的建议我一定接受并对自己的问题加以改正,我只是想在我的能力范围内帮助你们每一个人实现自己的理想……"李某某边听边点头,虽然这次他没怎么说话,但是我感觉他真听进去了,我觉得这次谈话还是很有效果的。最后,由于外面天气很冷,我就带着他在操场上慢跑了几圈,一边跑,一边说:"李某某,看着脚下,你的每一步都有一个痕迹,你的路是靠你自己走出来的,如果不想把它走歪,你就要落好自己的每一个脚印。"

就这样,这件事结束了。我觉得多少能让李某某有所改进,以后能更听话,也就达到了我的教育效果。出乎意料的是,第二天我收到了李某某的一条短信,短信的大概意思是:一开始的时候他觉得我这个老师很好,很真心地对每个学生,他以前从不认为可以和老师交心,但是却相信可以和我交心。但是上次早自习逃课,我向他父亲反映他的一句气话,让他觉得我并不是他的朋友,不了解他,从此对我产生了抵触心理。但是昨天我的一席话,触动了他的心。他是真心感受到我是站在他的角度为他的未来、他的人生去思考,是真心帮助他而值得他信任的人,他愿意重新和我做交心的朋友,以后只要他出现问题,我正面提出,他一定努力改正。看到他的短信,我真感动,当即给他回了短信,表扬他的懂事和进步的决心,我相信只要他肯努力,一定能取得更大的进步。后来,李某某的学习态度的确有了很大的改变,学习很用心,而且他还带动了平常喜欢与他玩的同学一起进步。在今年的高考中,李某某考取了一所二本院校,家人和他自己都很满意。

我认为,转化问题学生的过程,是师生之间的情感交融、心理相容、双向交流、相互尊重和信任的过程,像例子中李某某这样的问题学生平时多遭老师的冷漠,自卑有余,信心不足,对老师也没有好感。如果班主任像对待其他学生一样尊重他的人格,尊重他的权利和义务,与他心心相通,以诚相待,给他创造一种和谐的氛围,这对于激发他们自我转变的主动性和积极性是很有效的。

班主任在与学生进行对话时,除了要真诚细致外,还必须充分尊重学生的人格和情感,应多用商量式的语气、建议式的口吻。不能不顾学生的意愿、情感,强迫学生接受自己的意见,把自己凌驾于学生之上,应该用爱心、理解和尊重帮助学生取得更大的进步。

在这件事中,我发现了自身认知的局限性,没有花时间去挖掘学生心里的东西。以这件事为契机,我会认真调整自己的工作态度,努力去接近他们,做学生心目中的好老师,更做他们心目中的知心朋友。

(合肥六中　邹奎方)

第三节　合理的评价方式

一、合理的评价方式

爱情是一曲永远回响在青春期中学生内心的优美旋律,使爱情公开、自然、美好地走进我们的教育领域,成为一种最基本的人性教育,是帮助中学生实现自我情感的发展、自我人格的完善、自我幸福获得的重要途径。那么,作为一个教育工作者,我们应该怎样对中学生进行爱情教育呢?

"早恋"形成的原因:知晓病因,才能对症下药。中学生正处于青春期,其心理和生理的发展特点我们要尊重。青春期是不同于儿童期又不同于成人期的独特时期,此时的学生很自然地对异性产生一种纯洁而又朦胧的情感,虽然许多家长不能接受孩子早恋的事实,爱情还是真实地走进了中学生的心田。中学生所面对的最大困扰是与异性同学交往的问题:感情沟通的困扰;取舍的困扰;单恋、失恋的困扰,甚至发生两性关系后的困扰。这些困扰,严重影响了学生正常的学习和生活,他们急切地需要有人为其指点迷津。

爱情教育的必要:作为教育工作者,对处于青春期的学生的情爱进行封闭管理是不现实的,也是不明智的,因为繁杂的社会时时刻刻在影响着他们。影视作品中有太多的爱情镜头,街头有太多又露又透的"爱情画面";各种媒体对爱情五花八门的诠释……由于缺少正面引导,不少学生形成了畸形或非常态的爱情观念——过早地采摘了爱情之花,对爱不负责任,寻求刺激,游戏爱情等。我们的教育应担负起自己的职责,不仅在学业上将学生培养成才,还应培养他们树立正确的爱情观、婚姻观、家庭观,爱情教育实际上已成为学校教育活动中十分重要的潜在课程,是学校教育中不可缺少的一部分。作为教育者,我们更应该关注学生、了解学生,走在学生情感发展的前列,防患于未然。

做学生爱情教育的导向者:现代教育是充满人性、人情和人道的教育,是为了学生全面发展的教育,它应塑造学生完善的人性,应鼓励他们去追求幸福的生活,这其中自然也包括对最美、最圣洁的爱情的追求和引导。爱情是人一生中最美好的情感体验,但也可能是最危险的体验,的确需要好好地把握。爱情教育的目的不是去鼓励孩子们如何谈情说爱,而是要用理解尊重的态度把爱情讲得美好、自然、公开,将他们青春的觉醒、爱情的萌动向精神层面上提升,使他们真正懂得爱,成为真正的人,获得幸福的人生。

　　爱情教育其实是责任教育：一个人进入青春期后出现爱慕异性的现象是非常正常的，但现实却是：很多学生得不到正确爱情观方面的指导，只知道恋爱的快乐而不知道恋爱的责任，抱着尝试或拥有的态度与异性交往。很多早恋的中学生口口声声说爱，其实对爱情一无所知，心理十分稚嫩。以下为某次谈话记录：

　　　　时间：2011 年 12 月的某天放学之后。

　　　　地点：办公室。

　　　　早恋者：学生王某某。

　　　　教育者：我。

　　　　谈话记录：

　　　　师：听说你喜欢上了一个女孩子，还给她送过几次东西？

　　　　王：嗯。

　　　　师：你们是在谈恋爱吗？

　　　　王：嗯……是的。

　　　　师：你知道什么才是真正的恋爱吗？

　　　　王：……我喜欢她，她喜欢我。

　　　　师：错了，真正的恋爱，是让你爱的人得到幸福，是需要承担起作为男子汉的责任，你是否想过你能给她什么？想过你们的未来吗？

　　　　王：没想过。

　　　　师：一套房子，一个稳定的职业，得到双方父母的同意……

　　　　王：我真的没想那么多，我只是对她有好感，也许我这不是真正的爱吧！

　　　　师：那么请把这份美丽纯洁的爱放在心中吧！有了爱，说明你长大了，放弃爱，说明你成熟了，爱与不爱都不是你的错，错的是发生的时间和地点，懂了吗？

　　　　王：……（点点头）

　　作为教育工作者，我们要用高远的志向激励学生，人的一生，不同的阶段，要有不同的追求。幼年时，我们应在父母长辈的呵护下健康成长；

少年时,我们应该追求学业的进步;青年时,我们才能享受爱情的甜蜜。

作为中学生,我们应该立足于学业,让自己有内涵,使自己在以后的人生道路上成长为一棵大树,大自然会把春天送到你身边。如果你是一棵稚嫩的小树,虽然期盼着春天,但大自然不会给你恩赐,你的最终结果就是没有熬到春天,就死在春天到来的前夜了——寒冬里,无福消受春天的大好景色。

(合肥六中　周淮锋)

二、以适合学生的方式指导发展——品德教育的新方式

自2008年开始,我省实行普通高中学业水平测试制度,全面考察高中学生在语言与文学、数学、人文与社会、科学、技术等领域的基础性学业情况。考察结果是评估学校教学质量、教师教学水平、评价学生是否达到课程标准规定的水平的依据,也是升学要求的基本依据之一,以及作为普通高等学校招生录取的依据之一。根据安排,2012年的学业水平测试安排在6月22日至24日。

每位同学参加考试的时间和场次都不同,所以在考前,我在班级反复强调考试的重要性,并多次提醒学生注意自己参加考试的时间和考场安排,为了确保万无一失,我还利用家校通反复告知家长,务必确保学生能按时参加考试。然而,考试的第一天下午,我班就有一位同学没有按时到考点,当我打电话询问家长时,才得知这位同学将考试的时间错记为第二天。所幸在各方的努力之下,最终这位同学赶在开考之前到达考场,按时参加了考试。为防止在接下来的考试中出现相似情况,我又通过家校通敦促家长,务必提醒各位同学注意自己的考试安排,并且在每场考试之前半个小时——打电话确认。第二天下午,我班却又出现一位同学记错了考试的场次安排,虽然这位同学有惊无险地顺利完成了考试,但是作为班主任的我意识到,可以利用这次的事情大做文章。因为,在今年的高考中,上海一名考生迟到了17分钟,考生母亲又是求情又是下跪,仍不被同意进入考场,最终未能参加这场重要的考试。我决定以这件事为契机,开一节班会课,从根本上唤醒学生遵守规章制度的意识。以下为班会课过程记录:

我:同学们,从今天开始,你们就正式成为一名高三的学生了。在这第一节班会课上,我想先给大家读一则新闻:

"2012年6月8日,上海某区一名考生迟到了17分钟(规定开考15分钟后不能进入考场),考生的母亲又是求情又是下跪,仍不被同意进入考场。"

同学们,听完这则新闻后,你认为,应该让这位考生进入考场参加考试吗?

(学生热烈讨论,举手发言。)

王泳茹:我觉得不应该让他进去。因为一旦让他进入考场,以后但凡有迟到的都会这么要求,再说,规章制度在前,违反规定在后嘛。

我:很好,王泳茹提到了一个词"规章制度",他违反了制度,那么能不能不去制订这些规章制度呢?

蔡岳:肯定不行,我们都知道无规矩不成方圆。

王岳:虽然是这样,但我觉得应该让这位同学参加考试,高考对我们来说多么重要啊,如果今年不允许他参加,那就意味他还要再重新来一年。我们都知道,在这个发展如此迅速的社会,一年意味着多少变数,多少机会。我觉得这个规定太不人性了。

曹云汉:我也这么认为。我想他肯定也不是故意迟到的,或许是因为路上堵车啊之类的原因。不能因为这些原因就剥夺了他参加考试的权利。

我:刚才这两位同学都从人性的角度,否定了考试机构的做法,觉得它不够人性。那么究竟什么是"人性"呢?

汪京生:老师,我们政治课本上说,所谓人性化就是在最大限度上满足最广大人民群众的利益。

我:(笑)很好,你能将课本上所学的知识信手拈来,说明已经烂熟于心了,非常棒。那么同学们,我们一起来看一下,在这起事件中,反映出一个什么问题?

仲力平:我倒觉得咱们中国人的语言很有艺术性。在最大限度上满足最广大人民群众的利益才是人性化,那也就是说,有的时候得牺牲一小部分人的利益。老师，是不是制度化和人性化无法两全啊？

我：的确，人性化对抗制度化，这场争论想必让很多人感到非常模糊。在两者无法两全的情况下，我们有时候很难取舍。好像说的都有道理。在这里，我还是要提醒各位同学，在规则制定的过程中，不能使某个人的权益凌驾于其他任何人之上，这是最根本的人性化。

朱家宝：我懂老师的意思，也就是说，如果这位同学今天虽然违反了规章制度，但仍然参加了考试，其实就是对那些遵守考试制度的考生的不公平。毕竟这些人是大多数。

我：没错，既然大家都能遵守制度，按时参加考试，说明这项制度本身是没有缺陷的，所以出了问题应该由自己来承担。那么同学们，我们都知道高考是人生中相当重要的考试，怎么样避免出现这样的情况发生呢？

"早点出门。"

"打的。"

……

我：其实迟到只是一个方面，说明这位同学在参加考试之前没有做好预案。可能还有其他的同学忘记带证件，笔墨准备不充分等情况。大家不妨想想，高考究竟考的是什么？

王岳：老师，是不是除了考我们所学的知识，还有守时、细心？

我：没错，你说得很好。高考这么重要的人生节点，考的不仅是知识，更多的是你们今后人生道路上所必须具备的素质。像王岳所说的守时、细心，还有责任，遵守各项规章制度，等等。但从实际情况来看，很多人没有意识到这一点。假如今天让这位同学进入到考场，虽曰爱之，实则害之。我们应该让孩子从自己身上找原因，而不是在制度上纵容他。如果我们一方面追求公平，一方面却要依人情处理问题。那么可接受的底线在哪里？制度要靠大家遵守，自己的意外和失误不应该让他人来买单。大家认同我说的吗？

（同学们纷纷点头。）

我：在刚刚过去的学业水平测试考试中，我们班也有两位同学和这则新闻当中的主人公一样，没有做好预案。但是他们比较幸运，因为他们最终顺利地参加了考试。我不是批评这两位同学，只是借这样的一个例子来告诫大家，从现在开始，要学会对自己的事情负责，遵守规章制度，自己的岗位自己守，也只有做到对自己负责，才能做到对爱你和关心你的人们负责。

（同学们都表示同意。）

（下课铃响。）

在这节班会课上，我不仅仅就所发生的某一件事进行教育，更主要的是以这件事为抓手，着眼于学生的自我教育和自我管理意识的唤醒与能力的培养；不仅仅让学生遵规守纪，更着眼于学生的成长；不仅仅达到民主管理的结果，更着眼于民主教育。

传统教育学在班级管理中更多地强调班主任的个人权威，其合理性至今不可否认，任何一个集体都离不开一定的权威。然而在某种意义上，管理只是手段，教育才是目的，真正的教育是培养学生学会自我教育。

（合肥六中　陈菲菲）

三、评价中的情与理

数学课刚下，我便去进行日常的课间巡查。刚到教室，就看到孙伟和谢文两位同学打得不可开交，数学老师在一旁焦急地制止也毫无作用。我急忙上前去，在班级其他同学的帮助下，拉住了他们。当时教室内外已经很热闹了，本班的、外班的，很多围观的同学。为了尽量缩小这件事的不好影响，我立刻带着情绪激动的两位同学去了办公室。

在办公室里，两人依然红着眼瞪着对方，都急着向我辩解，指责是对方的错误，在办公室里吵起来了。我连忙叫停，为了让他们都冷静下来，我让谢文去数学老师的办公室。

我首先向孙伟询问事情的前因后果。孙伟描述说事情的经过是这样的：数学课下课后，两人都飞奔到数学老师面前问问题，几乎是同时把题目递到老师面前。两个人都不愿意让对方，想要老师先解答自己的问题。一开始只是口舌之争，后来不知谁先动手推了一下，两人便打起来了，在班级里上演了一幕动作片。我一听，原来事情的起因只是一件小事。我沉吟了一会,对孙伟说:"你认为这件事情是谁的错呢?"孙伟立刻答道:"虽然我也有不对的地方,但主要还是谢文。他平时在班级里无论做什么事情总是很强势,老是让同学让着他。他凭什么让大家都让着他?"他说话时一脸不服气的表情。我接着问他:"那你是不是觉得一个同学在班级里表现很强势,总是想占上风,会让人很不满呢?"孙伟点了点头。我笑了笑,说:"孙伟,那你有没有想过,你今天的行为其实也是一种强势的行为呢? 你是不是也抱着非要别人让你的想法呢?"孙伟愣了一下,小声辩解说:"对其他同学我不是这样,我只是针对谢文……"他说话的底气明显不足了。我趁热打铁说:"难道谢文不是班级的同学吗? 为什么你非要针对他呢? 就算谢文真做得不对,作为同班同学你为什么不能帮助他改正错误,而是让自己犯同样的错误呢?"孙伟不出声。我笑着说:"孙伟,有一句话叫'退一步海阔天空',你听过吗?"孙伟说:"听过。"我接着问:"那你明白这句话的意思吗?"他点头说:"明白。"最后,我意味深长地问他:"既然道理你都懂,为什么不能做到呢?"孙伟若有所思。

接下来我又找了谢文同学,他描述的事情经过和孙伟是一样的,这一点二人倒是达成共识。我问谢文:"你为什么非要和孙伟同学争呢? 下课十分钟,数学老师完全有时间解决你们两个人的问题,就算下课时间不够,还可以在放学后来找老师,为什么非要把一件本来很简单的事弄得那么复杂呢?"谢文同学撇了撇嘴,说:"我就是看不惯他那目中无人的样子,我让谁也不让他。再说了,为什么偏要我让他呢? 为什么他不能让我呢?"我一拍桌子,说:"好! 你问得好! 不过,你的这个问句能否稍微变一下,变成'为什么偏要他让我呢? 为什么我不能让他呢?'"谢文看着我,嘴唇动了动,似乎不知道怎么回答好。我接着说:"谢文,从你的话里,我能听出来,你很不喜欢有的同学在班级里目中无人,很傲慢的样子,可是,你有没有了解过,在别人眼里你是什么样的人呢?"谢文想了想说:"我不知道。"我说:"不知道没关系,但最起码我们应该做到的事,不能让自己成为自己讨厌的那类人,你说呢?"谢文认同地点了点头。最后我说:"那你回家后仔细想想,在今天的这件事情里,你的行为到底符不符合自己的价值标准。"

第二天下课,两位同学不约而同地都找了我。孙伟说昨晚他把发生的事情告诉了父亲,父亲帮他分析后,觉得自己太冲动,同学之间要和睦相处,应该多包容,没有什么问题不能解决的。在教室里,在老师面前,不应该与同学打架,自己个性太张扬了,给同学留下了不好的印象,决定今后改进。并且,孙伟决定主动向谢文道歉。

谢文在听到孙伟的道歉后,反而不好意思了,连声说自己也有错,如果自己能多一些宽容,多一些谅解,就不会出现之前的事情了。

看到两位同学握手言和的场景,我高兴地笑了。

有一个故事说,每个人肩上都背着一个包袱,包袱的前面装着自己的优点,包袱的后面装着自己的缺点。所以,每个人一低头就能看见自己的优点,而一抬头就只能看见别人的缺点。作为一名班主任,在学生的德育工作中,我们要做的就是引导学生学会回头看自己的缺点,学会向前走几步看见别人的优点。初中的时候,我们就学过《论语》,"三人行,必有我师焉。择其善者而从之,其不善者而改之"。很多时候,高中生什么道理都懂,也十分善于用这些道理来监督别人。但是,他们的眼中往往只有别人的缺点,而忽视了自己的缺点。当学生发生冲突时,我认为,作为班主任,可以引导学生把别人当做镜子,用别人的缺点来反射自己的缺点,让他们学会不仅仅用道理来监督别人,还要更严厉地监督自己,做到"知行统一"。

(合肥六中　姚继东)

四、发现孩子的闪光点,唤醒孩子内心的自信

新学期开学,我班新来了两个同学。其中一个很腼腆,见到老师不敢抬头看,更不敢正视老师。我临时将他安排坐在第一排。一周下来,我留意到这个孩子不喜欢跟其他同学交流,下课一个人坐在椅子上。这只是开始。一个礼拜过去了。接下来的一个礼拜,前两天还能坚持来学校,第三天,他就没来上学。我第一时间与家长联系。电话那头,接电话的是孩子的母亲。我能感觉到他母亲的诧异。

我把家长请到我办公室,我们聊了很长时间,得知:这孩子在初三的时候,因为感情问题心灵受到过很大创伤,导致中考成绩很不理想,没考入理想的高中。在外地其他中学读了一年后,成绩很差,孩子性情大变。

封闭自己,不愿意和家人交流。家长非常着急,只好从外地转学到我们学校,看换个环境能不能有所改善。我听了家长的倾诉后,问:"这孩子有什么特长没有?"家长告诉我,孩子电脑玩得很熟练,初中参加学校的电脑机器人小组。我问到他的物理成绩怎么样,他们告诉我孩子在初中物理很好。我让家长明天带着孩子来学校,不用带书包,让孩子就当是来找朋友聊天,不要当成是上学,不要紧张。

周四,孩子的叔叔带着孩子来了。我首先和孩子单独聊了一会,告诉他要学会放下,重新开始,很多人都关心你之类的话。可能是接触不深,我感觉这次谈话效果不佳。后来因为时间问题,我让孩子叔叔带孩子回家了。周五早上,家长打电话来说,孩子还是不愿意来上学。我与孩子通了电话,告诉他:"你先来上课,你的物理课落下太多了,我单独给你讲讲。"当时物理课讲的是电场,很抽象。孩子在电话里没有说话,我告诉他:"如果你今天不愿意来,那你周日来学校,我在学校等你。你就当成是我们两个人的约定。"他终于答应了。

按照约定的时间,周日我来到办公室等他,他来了。我上午给他讲了一个小时的新课内容,又给他出了几个题,让他自己做。题目很简单,这是我有意安排的。从完成的效果来看,5道题,做对4道,我当时就好好表扬了他一番,果然看到了他脸上的笑容。接下来,我就是从他最擅长的电脑切入主题了。我说班级里正缺乏一个电脑人才,他的到来真是一场及时雨。我希望他能给我班做一个具有班级特色的宣传材料,他欣然答应。周一如期来到学校。他主动去找老师,给老师拍照,给班级同学拍照,为做班级宣传材料做准备。一周下来,他妈妈几次给我电话,说下午第一节课能不能请假,考虑到这个学生的特殊情况,我答应了。因为这个学生为做材料,晚上熬到一点多。而且他能从不愿意到学校来变成愿意主动来校,这已经是一个进步了。我不能太急于求成,而要循序渐进。在他妈妈的帮助下,他用PPT做成的小影片诞生了。我将这个影片在班会时播放了,同学们因此而认识了一个潜在的电脑高手,都很佩服他。班级很多同学都主动跟他接近,和他的关系很亲密。但是期中考试,对他来说,是一个很大的坎,他又像以前一样想逃避了。我知道他是缺乏自信,害怕自己在考试时出丑。我抽出空闲时间,多次叫这位同学来办公室补习,从一些最基础的题目做起。同时,我不断和他交流,告诉他要树立自信,相信自己一定能行。最后,我在期中考试的考场上看到了他的身影。

一年过去了,孩子也变得开朗多了,一年的时间我和他之间的交流实在是太多了。我见证了一个自卑、不愿面对现实的、逃避现实的孩子转变为一个开朗、认真对待学业的孩子的成长过程。暑假时,家长决定让他上国际班,他离开了我的班级。

作为老师,我们要坚信,每个孩子都是一块金子。当一块金子被泥土掩埋的时候,我们应该引导学生学会铲除身上的泥土,展现出自己闪光的一面。当金子被掩埋得太深,连自己都不相信自己的时候,作为一名班主任,我应该用加倍的耐心、细心和爱心,去除掉这些泥土,让金子露出闪光的点,让他相信,原来自己不是一块烂泥,而是一块金子。

(合肥六中)

第七章　班主任的自我发展

第一节　反思与补偿

一、用制度做保证

不知不觉,进入六中工作已经两年有余。在这两年里,我担任一个班的班主任工作和两个班的语文教学工作。现在回望走过的路,看看长大的孩子们,心中颇多感慨,再看看未来的路,更是觉得自己任重而道远。

高一接了一个班的班主任,觉得兴奋而紧张。兴奋是因为自己从未带过班主任,觉得这是一项很新鲜的工作,也是对自己的一次挑战。紧张是因为自己还很年轻,担心自己不能很好地胜任这项工作。但不管怎么样,新学期就这样开始了。

新接的班级男生比较多,而且比较调皮(这是后来才发现的),真是让我手足无措。他们第一次给我的下马威是一次计算机课,一共12个人集体逃课打球。现在依稀记得当时的场景:计算机课下课了,后面一节是外语课,我照常例站在教室门口,维持课前的秩序,但左等右等就是等不到我们班上那12个男生。少了12个人,教室一下子就空了许多,看着稀稀落落的教室,我心中的火不自觉地就起来了。但想想还是要冷静,因为如果现在只顾着生气,依然找不到他们在哪里,不行。现在第一步就是要找到他们在哪里。于是我离开教室,往操场方向走去,因为学校很小,而且可供集体活动的场所也很少,只有篮球场、操场、乒乓球桌,这几个场所在同一个方向。我刚走了没几步,看到一个大汗淋漓的孩子急急忙忙往回跑,我立刻喊住了他:"到哪去了?""打球去了!"他既没有回避,也没有丝毫畏惧,很淡定,比气急败坏的我要镇静,若无其事,看来是一个"惯犯"

了。我一时间其实已经乱了阵脚,已经不知该说什么,但表面上还要保持镇静。"当你不知道该说什么时候的时候,那就什么也不要说,"我牢记徐丹老师跟我说过的这句话,"你不说话,学生弄不清你在想什么,心中才会发虚",于是我什么也没有多说。正好,剩下的那11个男生也都陆陆续续地回来了,在教学楼附近站了一排,是一道煞是壮观的风景。个个大汗淋漓,气喘吁吁。"先到教室门口站着",我让他们站了两节课,不是很好看,可能也不是一个很有效的办法,但当时的我也确实不知道该怎么办。我于是抽身回到办公室,开始向老教师取经,准备下午再开始跟他们正面交锋,听了老教师的一些话,我想我的战略大致应该是这样的:先要让他们认识到自己的行为是错误的,然后要让他们自己觉得这样的行为是对自己不利的,对班级的影响是不好的,也会给父母增添许多负担,这样的话,他下次就不容易轻易再犯。

我按照这样的策略,下午依次跟孩子们谈话,没有太多的训斥,因为年龄上与他们差距不大,又是女教师,所以训斥的效果不会太好,反而容易使他们的逆反心理滋长。我先让他们讲述自己的行为过程,再讲动机,再讲结果、影响,不出所料,孩子们的答案大同小异,动机都是不明显、不清楚,认为刚刚高一无所谓,影响更是说起来一套一套的,所以我得出一个结论,大道理孩子都懂,说一套做一套,哄好老师哄家长。尽管这样,我还是让他们写了保证书,也分别约见了他们的家长,因为我觉得,孩子在说的时候跟在写的时候多多少少还是会有差别的。至于家长,他们更有对孩子在校表现的知情权,落实到每个孩子身上,谈话时,内向的孩子就多劝导,活泼的孩子就多打击,成绩好的就多分析,成绩差的就多鼓励。人心向善,孩子也渴望进步,看到自己的进步总是会有不同程度的成就感,扼杀不如培养。这样的谈话,我花了整整三个下午才完成,很累,但看到孩子转变的行为和家长感激的肯定,心中仍然觉得是值得的。

事情并没有就这样过去,我觉得孩子们自由散漫的行为归根到底是因为他们并不知道自己活动的范围是什么,原因在我,没有给他们制定"游戏规则"。无规矩,自然不成方圆。我想我下一步的任务就是要给他们画个圈,圈内是安全的,圈外即犯规。我上网查找资料、请教有经验的老教师,看起来简单的事情做起来却是那么千头万绪。但仍要坚持,每次快坚持不下去的时候我都跟自己说,快了,快了,就差那么一点了……一个星期过去了,《班级规章制度》出炉,虽然还不成熟,但总算有个参照标准……

两年就是在这样一件接一件看起来琐屑但又很关键的事情中度过,有过欢笑,有过悲伤,有过自足,也偷偷抹过眼泪……尝足了老师真正的味道,我将永远珍藏!

(合肥六中　许菁儒)

二、情感与制度结合

本班是合肥六中2010级理科A班,于2011年秋季文理分科时建班,所有学生来自本年级28个平行班。建班一年来,可以看到,班级学风浓厚、班风纯正,全班同学学习积极性较高,接受能力较均衡,这为高效地开展教育教学活动提供了基本保证。

同时,值得注意的是,部分同学(尤其是女生)个性较强,认识问题片面、偏执,过分强调客观原因,与高一原班级任课老师关系紧张。极个别同学进班及几次大型考试成绩都位居班级倒数,但"从小到大从来没有过压力",说明这部分同学自我加压不够。个别同学心理一直存在问题,但家长隐瞒未报。还有几个同学,学习一直很刻苦,但心理压力过重,少言寡语、性格孤僻。有几个男生,组织纪律观念淡薄,好动、张扬,经常迟到。相当数量的学生迷恋于网络游戏、动漫、球类运动等,需要加强教育引导。

以上是班级的基本情况。以下展开叙述。

(一)背景简介

1.个案的自然状况

本班学生小M,男,学习成绩尚可。刚进班级的前几天就被发现午休时间伙同别班同学在校园树荫下打牌。平时上学经常迟到,说起话来手舞足蹈,坐没坐相、站没站相。学校正式开学不久,他因为上课打瞌睡,无视任课老师的存在,惹得老师火冒三丈,被老师请进办公室。走起路来左右摇摆,站在老师面前一副玩世不恭的样子,身子偏侧着,两条腿还不住地抖动,完全没把老师放在眼里……

2.个案家庭生活背景

小 M 从小生活在一个极不和谐的家庭里。家住城乡结合部,父母长期在外打工,就把他丢给年迈的爷爷。老人家文化程度不高,他只干农活而忽视了对孩子的管教。父母偶尔回家一趟,不是整天打牌,就是夫妻吵架,闹离婚,对孩子的物质需求统统满足,但就是从不和孩子交流,孩子一犯错,就是棍棒伺候。长期生活在这样的环境里,导致了孩子孤独而又自卑、叛逆而又极端、目中无人而又自由散漫的个性。

(二)主要心理问题分析

1.长期无人关心,导致他孤独而又自卑

父母长期不在身边,偶尔回家也不关心孩子的生活,使他感受不到父母之爱,自然而然变得孤独,不爱学习,染上了很多坏习惯。在纪律上他受到老师和周围人多次的否定和批评。他把自己与别人相比,自己就感到自卑。

2.长期的棍棒教育,导致他叛逆而又极端

他的父母平时从不和孩子谈心,不了解孩子的内心世界,不和孩子交流,孩子一犯错不问事由,马上就棍棒伺候,从而让孩子养成了破罐子破摔、不相信别人、叛逆而又极端的个性。

3.长期的无人管教,导致他目中无人而又自由散漫

孩子毕竟是孩子,需要家长的管教。而小 M 呢,家庭教育严重缺失,处于父亲不管、母亲不管、爷爷不管的状态,这导致他分不清什么该做,什么不该做,养成了自由散漫的不良个性。

(三)采取的措施

受伤的心灵更需要心灵的抚慰,面对这样的学生,我知道采用硬的手段是不行的,要以柔克刚。我决心用我满腔的师爱去温暖那颗饱受伤害的心,去唤醒他的自信、自尊与自爱,去消除师生之间的距离。

1.运用激励和表扬的方式消除自卑心理,重建自信心

为了消除小 M 的自卑心,使小 M 对自我评价进行重建,激发他努力

向上的信心与勇气:第一,我让他自己给自己寻找优点,并写在周记本上,看看每一天的优点是否在增多;第二,对他的点滴进步,我会在班上及时表扬。比如:大扫除时,他积极地去提水;运动会上,他积极主动地为同学服务;课余时间,他总是把老师的讲桌收拾得干干净净。我都予以表扬。

另外,我还通过班级活动改变小M在班级中原来的身份,创造条件,把他推到班级的"舞台"上,让其他同学看到他优秀的一面,扮演一个有尊严、受尊重、被信任的角色,增强他的自信心。

2.通过各种途径教他换位思考,消除叛逆心理

针对小M的实际情况,我除了寻找机会多与他交流之外,还充分发挥了周记的作用。不方便口头交流的时候,我们就用周记进行交流。通过周记,我了解了他的生活、学习、思想状况,逐步走进了他的内心。

小M上课时纪律松散,我就启发他站在老师的角度来看不专心听课的学生,希望他尊重老师的劳动,安静专心地听课;从同学的角度来看不守纪律的学生,希望他热爱班集体,和同学们一起创建良好的班级。在各种事情上启发他多从别人的角度考虑问题,克服自我中心的思维倾向。他逐步意识到了老师的苦心,慢慢地正视自己身上的缺点,逐渐消除了叛逆心理。

3.着力加强与家长的沟通,进一步巩固家校合力

我经常给他的父母打电话,把孩子在学校的表现随时告诉他们,并站在父母的立场上去帮他们分析应该怎样做。

请他们多关心孩子,不能因为挣钱而把孩子丢在家里了。孩子的教育是大事,大人的事情更不能影响孩子,要多和孩子接触,多听听孩子的心声,多了解孩子的思想动态。要站在孩子的角度去替孩子想想,及时发现孩子的闪光点,多鼓励,不能动不动就用棍棒解决问题。目前,小M的父亲已经回家亲自带孩子了,小M的进步也越来越大了。

4.提高孩子的主人翁意识,运用集体舆论进行约束

在平时的教育中,我经常告诉他,要时刻想到自己是集体的一员,自己是班级的主人,自己的一言一行都代表整个班级,随时提醒自己:我为集体抹黑了吗?我为集体争光了吗?以此来提高小M的主人翁意识,不定期由全班学生评选最近表现最差的同学,由班长当众公布结果。

前几次,小M当选了,同学们就对他提出了具体的做法和希望。过一段时间,又在班上评选最近进步最大的同学,有几次,小M当选了,由同学们当场对当选的同学发小奖品。小M领奖品时,脸上的兴奋与满足让我永远难忘。

(四)辅导效果

经过我的努力,小M与我建立了深厚的感情。他会主动找我聊天,谈谈自己的生活、心理状况,找出班级的一些问题;他把我班的安全管得井井有条,他们小组的清洁卫生稳拿第一;在我过生日或是一些节日时,他会第一个发短消息祝贺我;开花的季节,他会去弄一束束鲜花,插在装有水的瓶子里,放在讲桌上。现在的他,时刻以班级利益为重,他的表现也越来越得到老师和同学的认可。

阿基米德说过:"给我一个支点和杠杆,我可以把地球撬起来。"而扭转学生的不良心理倾向这一杠杆,也要靠一个支点:那就是老师对同学真正的关心和爱护。

小M在周记上写的一段话让我终生难忘。他说:"老师,我觉得遇到你我真的很幸运,我相信我只要按你的话去做,我一定会走得更远,请你一如既往地关注我、关心我。我真的很感谢你,感谢你对我的笑,感谢你对我的付出,感谢你对我的关怀。你是我最信任与佩服的人。"小M的话让我思考了许多。

作为一名班主任,真心爱自己的学生是一切工作的前提。只有真心地去爱学生,把师爱播向每一个学生的心田,我们才会认真地对待每一个学生的每一个问题,才能与学生真正达到心灵上的沟通,并从情感上去触动他、从思想上去教育他。也只有这样,才能收到真真正正、实实在在的教育效果。

(合肥六中 黄海波)

三、养成遵守行为规范的习惯

上学期,刚开始接手这个班时,据其他老师反映,本班学生成绩两极分化比较严重,虽然尖子生不少(文理分科进入理A班有三人),但也有不少问题学生成绩差,纪律差,自由散漫,学习态度不够端正。我经过一周时间的接触后发现果然如此。虽然开学前做好了思想准备,但我感觉要带好这个班,压力还是很大的。其中有位王同学卫生意识差,吃过的零食和包装袋以及透明胶带等到处乱扔。上课时,经常要停下来强调纪律,课堂教学被多次打断,影响了教学效果。下课后,总喜欢和其他同学下去溜达一圈,从班级逛到小店和食堂,往往是在上课铃响后或是老师已经开始上课了才陆续地带着食物走进教室,嘴里虽然喊着报告,但还不等老师同意就直接冲进来。

这位学生情绪化严重,初中时成绩优异,进入高中后沉迷于漫画和网络,成绩一落千丈,在班级排名垫底,自己也开始自暴自弃。开学不久一次在班级看漫画被我逮到,写检讨写得十分诚恳,发誓不再看漫画、上网,结果有一次中午我发现他不在班级午休,于是我从中午一点到两点半一直在班级门口等着,到了二点二十五分才看到他一边走一边啃着干方便面走过,显然他是去校外上网,到现在连午饭都没来得及吃。当时虽然我很生气,但还是强忍怒火平静地与他沟通,开始他说他回家了,当我打电话给他家长核实时,家长说他中午根本没回去,再后来他不得不承认中午去上网了。而且从高一开学以来经常这样,中午宁肯饭不吃,也要去上一两个小时,主要是在网上看漫画和玄幻小说。他觉得上学考大学没有意义,在学校就感到压抑,简直要窒息,想逃避现实、逃离学校。他觉得人就应当做自己喜欢的事,他喜欢漫画和网络,只有在虚拟世界他才觉得生活有意义,自己才会开心。我叫他把他的想法写成书面文字交给我。看来对他的教育必须家校合力才行,于是我把他的家长叫到了学校,了解了他的家庭情况,结果发现家长本来对他抱有很高期望,结果高中以来他的成绩越来越差,家长对他也是越来越失望,觉得他简直不可救药。所以我首先做家长的工作,让家长对他要有信心,孩子很聪明,成绩不好出问题了一味抱怨是没有用的,首先要找出问题来。于是我把他的书面文字给家长看了,家长看后很震惊,本来以为小孩就是偷懒贪玩,没想到小孩压力那么大,心理负担那么重。我和家长商定本学期不对他有成绩上的要求,主要是让他适应学校的学习和生活,家长周末要多带他出去爬山、打球等。分散他的时间和注意力,慢慢减轻他对漫画和网络的依赖。等他慢慢摆脱对漫画和网络的依赖后,先培养他的进取精神和学习兴趣,再对他提出适当的成绩要求,最好是让他主动给自己设定目标。我几乎每周都会和他谈一次,了解上周的活动内容和思想状态。有一天他突然对我说:"老师,我想把成绩搞上去,高一丢了那么多还有希望吗?"我鼓励他说:你中考在我们班排前十名,说明你很聪明,很会学习。只要你努力,一定会慢慢追上来,重新进入班级前十名。学习中有什么问题各科老师会积极帮助你的,老师们一直对你很有信心。"这次谈话之后,他对学习的兴趣和投入越来越多,期末时已经进入班级前三十名了,个别学科进入了前十名。上学期期末被评为"突出进步学生",是我们班的"模范"。这样一来,其他学生也纷纷学习他,有了榜样和动力,班级渐渐走上了正轨。

在整个案例中,我认为一个班级要注重学生行为规范的养成,培养学生良好的行为习惯。例如卫生习惯、上课习惯、文明礼仪习惯等,自由散漫,有些不良行为就会"习惯成自然"了,他们根本认识不到、感觉不到。提高学生学习兴趣,从常规抓起,矫正部分学生的不良行为,用真诚和爱心来打动他们,让学生真正体会到老师对他们真诚的关爱。因此,我认为班主任要认真制定班级管理的计划和目标。首先,学规范,抓规范,从仪容仪表开始。其次,树立班级正气,培养班级"模范"。最后,搭建平台,通过活动,增强班级凝聚力,转化后进生,以循序渐进地达到"班级学风转好,学习成绩提高"的管理教学目标。

平时要充分利用班会课,学习《中学生日常行为规范》,根据班级存在的问题,有针对性、有重点地学习,特别是"自尊自爱,注重仪表"和"遵规守纪,勤奋学习"两方面的规范,每人对照规范寻找问题并进行整改。在与学生共同制定班级公约时,由于学生自控能力、意志力等存在差异,往往开始的时候总有部分学生出现违反班级公约的现象,这是正常的。在行为规范养成的教育阶段,做到腿勤、嘴勤,反复讲、反复抓,效果渐渐得到了体现。

班主任要经常和家长交流沟通,及时了解学生在家学习和生活的情况,将学生在校学习、爱好和人际交往的情况向家长反馈,发挥家校合力。

(合肥六中　周天明)

第二节　有爱教育

一、我的班主任故事

某天中午,我接到校团委老师的电话:"今天中午学生会巡视时,你班的王某同学跟学生会干部吵了一架,并且还说了一些脏话,骂得非常难听,我已经叫这位同学写检讨书,希望班主任你处理一下。"接完电话后,我顿时火冒三丈,非常生气。又是王某!这是一个在全楼层都很有名气的学生。此时,我就暗暗下定决心,一定要好好给他点颜色看看。

下午自习课时,我走进教室,直奔王某身旁,让他立即滚出教室,并恶声恶气地说:"我们班怎么会有你这样的学生!"王某站起身,好像要向我解释什么,我不由分说地朝他嚷:"滚一边去,我不听你解释。"因为我想,他应该还是会像往常一样,变着法子胡编乱造一番,替自己解脱。

可这次有点奇怪,他眼泪突然就夺眶而出了(这可是少有的现象),然后回到座位上,将书包收拾收拾,默默地走出了教室(此情景从未发生过)。

看着他这样,我突然有点心酸了,因为我知道,他能去哪里呢?王某的爸妈早就离婚了,他随爸爸,爸爸是个长途车司机,常年在外,听说后来要了个后妈,压根就住到后妈家里了,不回来了,每次家长会都不出席,只是每个月给他一点生活费,其他一切自理。看着他矮小的背影,我顿时觉得心里好难受。从那以后,过了一个月,我再一次看到了他,是他爸爸带着他来办理转学手续,从头至尾王某没说一句话,而他爸爸只说了一句话:"老师啊,孩子不听话,给你们麻烦了。"很顺利地办完了转学手续后,我来到班级,兴奋地向全班同学告知了这一事情。下课后,班长来到我的办公室,对我说:"老师,您还不知道吧,那天王某是为了我们班的集体荣誉才和学生会干部吵起来的,当时一阵风将别的班走廊上的一张面巾纸吹到了我们班走廊上,学生会干部就来到我们班门口大声嚷嚷,说:'你们这是什么破班,垃圾乱扔。'说着就要扣班级量化分,这时王某就冲了出来……"

听了班长的话后,我顿时感到脑袋一片空白,觉得自己是从未有过的龌龊和无耻。一转眼五年过去了,到现在我都没有再见到过他,我想他肯定是不想见到我的。内疚的心一直折磨着我!

从这件事我得到了启发:我们作为教师,在批评学生之前,一定要先问问自己,事情搞清楚了吗?事实是这样吗?我批评得有理有据吗?千万不能凭主观想象草率处理。

作为班主任,我们一定要树立正确的学生观。学生都是可以教育、可以塑造的。我们不能感情用事,用一成不变的老眼光看学生。难管的学生犯了错误,更应该动之以情、晓之以理,让他虚心接受你的批评,而不是以伤害学生自尊心为乐趣,这样更容易激发学生的反叛心理,班主任工作就更难做。所以批评应就事论事,今天的事就说今天的,把以前的、其他的都抖出来说几句,学生心里会想:"我就算改好了,老师也不会忘记我以前犯的错,也不会相信我!"这样很不利于学生改正错误。有时老师由于急躁的情绪或一时不冷静会说出一些过火的话,如:"你真是咱们班的害群之马,我怎么会遇上你这样的学生!""咱们班有了你算是完了!""你真是无药可救了,还是回家自学去吧!"这些定性的话语、消极的断言,会严重伤害学生的自尊心,使他们失去努力改正缺点的勇气和信心,严重抑制了学生的主动性。作为一名教师,我们只有走进学生的心灵,得到学生在感情上的接纳,才能更好地教育学生。这就要求我们在处理班务事情时还得懂教育心理学知识,要进行换位思维,站在学生的角度上考虑问题,这样才能保持一颗理解的心,才能真正走进高中生的真实心理世界。

担任了多年的班主任工作,我累过,也笑过。班主任生涯让我学到了很多,正如"教无定法"一样,我认为管理也无定法。教育学生关键是要"理解","亲其师才能信其道"。教师热爱学生,对学生寄予希望,学生在心理上就会得到满足,从而乐于接受班主任的教育和管理。每个学生都是活生生的有感情、有思想的人。只要付出爱心,枯草也会发芽;只要一缕阳光,他们就会灿烂。总之,心灵的桥梁要用情感去架设,用尊重、信任、体贴去充实。

(合肥六中　王琪)

二、有心栽花花难发

作为一个案例，我要说这是一个不成功的案例，不是说文章本身，而是说作为担任了25年班主任的我在这个学生身上所做的工作都没有见效，我本人对这件事也至今不明白。下面就把这个案例详细地记录出来，作为研究的材料吧。

（一）最初的困惑

2010年我迎来教学生涯中第八届班主任工作，也是来到六中担任第三届班主任的第一年。8月31日，新生到校进班，作为一个老班主任，我知道老师给学生的第一印象很重要。所以我准备了比较详细的发言稿。新生刚到学校的新鲜感和进入六中的远大理想使他们精神状态很好，我的总体感觉是这一届学生总体还可以。所以在前几周我有计划地进行入学教育，主要是养成教育，开了几个主题班会，如"理想的作用"、"认真的表现"、"怎样才是持之以恒"、"环境决定性格、细节决定成败"等。

一个半月后，一个学生的学习状态出现转变。我们暂叫他严同学吧。严同学开始出现迟交作业或是抄作业的现象。上课听课状态不好，也不认真记笔记。特别是第一次段考，该生成绩很差，进校成绩虽然和别的同学有差距，但没有这么大。查一下该生的信息，得知该生父亲是省消防总队的一名处长，母亲是电子工程学院幼儿园的教师，家庭条件很好，经济、文化都不差，所以我决定进行家访，了解该生情况。

（二）家访的见闻

一个周末晚上我经过联系，到该生家进行家访。到了后才知道，该生家住滨湖新区，为了孩子读书，就在六中旁边租房，从家到学校只要五分钟，而且因为父母工作地点较远，就把孩子的外祖父外祖母请来做饭，为了防止孩子受网络、受电视影响，租房内没有网络、没有电视，只有一份《合肥晚报》。

我到学生家的时候，正碰上他们家在吵架。经过了解，得知是因为做饭问题，孩子很挑食，每天晚上都要征求孩子的意见，以判断明天吃什么。但是到第二天吃饭时,总是抱怨外公、外婆菜做得不好吃,或是外公、外婆不讲卫生,弄得外公、外婆很纠结。

我只好先处理吃饭问题。我提议淡化问题。理由是吃饭固然重要,但是如果为了吃饭而弄得鸡犬不宁,还不如随意。学生的父母开始认为吃饭是大问题,不能随意,我拿自己家的情况为例加以劝说。然后进一步了解到,该生初中成绩也不理想,但是到了初三下学期请了很多家教,成绩有了很大进步,勉强考上了好高中,现在孩子认为初中学得太苦了,要放松一下。精神一放松,行动就打折扣。孩子的学习习惯是每天回来后吃饭,然后看两个小时报纸,然后睡觉,夜里三点钟要家长喊起来写作业,但是又坚持不下来,往往到四点钟又接着睡觉,而且早晨家长喊不起来,作业没有完成,还经常迟到。

再一个是我的观察,孩子父母对孩子太娇惯了,母亲总想顺着孩子,在父亲和孩子发生冲突时,母亲总是当孩子面责备父亲。

(三)采取的措施

了解到这些情况后我就制订了一个计划。

第一招是找孩子谈心,让他说说到底怎么想的,例如理想是什么,对老师、父母有什么不满意的,自己在学习上有什么欠缺。孩子性格内向,不善与人交流,这是给我的第一印象。说也能说一点,但是总体上没有系统性,说明对以上问题没有自己的思考。我就鼓励他要多和老师、家长交流,老师、家长的出发点是帮助学生。

第二招是针对回家就睡觉的问题。安排该生补课,家长一再要求找老师给孩子补课,我就找一个非常负责任的老师上门补课,其目的是不让他八点就睡觉。但是不久信息反馈回来,开始几天还起作用,后来就不行了,学生在家长面前说老师如何如何不负责任,或者自己不适应这个老师,家长也就相信了孩子的话,于是家长自己找老师,但结果也是为时不长,老师又被炒了。在找补课老师问题上,我是爱莫能助了。

第三招是我自己亲自出马,让该生每天晚上到我家来上自习,我和学生面对面,我备课,他做作业,这样维持了大约一个半月。两位家长一起到我家来,首先是表示感谢,并要给我看晚自习的钱。我拒绝了。然后家长才说明来意,孩子说在班主任家上了这么长时间的晚自习,他自己的学习习惯已经有了很大转变,可以自己在家学习了,家长的意思是听从孩子的要求,不然,孩子会在家发脾气,和父母过不去。看到家长这个态度,我也不能勉强,心里充满了无奈。

至此,第一轮方案宣告失败。

(四)中途的变故

高一下学期开学后一个月,该生经常不上学,有时父母请假,我一般不问原因。但是孩子迟到,我会在早自习开始前打电话追问家长,有几次家长也不知道,后来家长反馈信息是孩子原来的习惯又回来了,晚上睡觉,夜里起来,早晨家长上班离家得早,他们走时,孩子还没走,或是已经喊过孩子,但他还没有起床,家长走了就又接着睡觉。在我的追问下,家长说现在孩子非常逆反,在家几乎天天和家长闹别扭,已经到了水火不容的地步。有一天晚上八点左右,该生家长突然打电话来问孩子为什么到现在还没有回家,我连忙问其他学生,是否放学后在学校打球,学生们都不知道,于是我就出门和家长满街找人,但到晚上十二点也没有找到,我们无可奈何地回来了。第二天一早,家长说孩子回来了,说是感到在家很闷,要出去散散心,昨天一夜在网吧上网。

到校后找来训话,可他也说不出个所以然。

(五)变通的办法

高二上学期开始时间不长,鉴于以上现象,我觉得再这样下去,对孩子不利,对父母也是折磨,于是就建议家长了解一下别的学校。家长说他们早就有这个想法,只是不好意思向我开口。原来他们有一个朋友在六安一中,家长曾经和这个老师接触过,介绍过孩子的现状。这个老师当场表态,孩子交给他,一定能有一个根本转变。家长认为这是一个绝好的机会,就征求孩子意见,孩子不愿意。家长来找我做工作,我觉得让孩子换一个环境也许有好转,就做孩子工作,结果高二下学期孩子到了六安一中。从那开始我和家长联系稍微少一些,一个月通一两次电话,开始的一个月家长反映孩子不愿意在学校住校,认为生活太苦了,吃饭不行。后来家长就在六安一中附近租房,每天晚上到学校上自习,由那位老师监管。

听到这个话,我觉得家长又在冒险:孩子能够自控吗? 当然我不能说出来,只是要求家长多到六安去。

(六)意外的信息

高二结束前一个月,家长要求孩子回来参加学业水平考试,我也同意,因为该生的学籍还在我们学校。哪里知道孩子回来后并不参加学校一系列学业水平考试模考,理由是他在六安一中上课的顺序和我们这里不一样,要赶快补课,于是家长又要我找老师补课。为了班级学业水平考试达标率,我又到处找老师。

学业水平考试结束后我校有一个高二年级期末考试,为了检验该同学在六安这一个学期的学习情况,我特别在考试前打电话给家长,要求孩子参加考试。家长说孩子这几天老是说自己肚子不舒服,不想参加考试,我就要求家长做工作。晚上家长来电说孩子同意参加考试,我很高兴。但考试那天早晨六点,家长突然来电要我到他家去一趟,因为孩子又不愿意考试了。我只得到他家去,在路上遇到家长,三人一路往学生家走。在路上家长又给我另一个让人震惊的消息,原来该生到六安一中读书时间只有不到一个月的时间,后来都在家待着,既不到六安,也不到六中。两年来我没有朝家长发过火,但这时实在忍不住了,说你们真是误了孩子,这么长时间不上学,为什么不告诉我。家长的答复更让人震惊,说是如果告诉我觉得实在没有面子。到了家一看孩子已经不在家了,我们以为他到校参加考试了。等我到校一看,考场没有人。现在总算明白了,该同学公开逃避考试。

(七)无奈的补救

此时已经是高二结束了,面对的是新的学期——高三,如果再这样下去,这个学生高考绝对无望,家长说孩子绘画还好,美术有一定的功底,也许转学美术专业还有希望,要我帮忙参考一下是否可以转学美术。我就找我们学校美术老师咨询。老师的答复是,如果文化课水平还好,从暑假开始全力以赴,也许还有希望。我把这个信息告诉了家长,家长决定回去和孩子商量,后来家长来电话说孩子同意学习美术。从2012年7月开始,该同学去学习美术了。

(八)现在的状态

今年8月中旬的一天,家长又来电话说,孩子舅舅在上海,是专门从事美术创作的,到合肥来,听说孩子从7月份开始转学美术,一口否定,说是这么短的时间内想把美术学好,那是不可能的。现在家长又改变了想法,还是让孩子回来学文化课。我说对孩子的前途设计本该是大事,我作为班主任不能干涉家长和孩子的选择,你要回来当然可以,我们没有权力不让你回来。但是直到现在(9月底),孩子还没有回来。

孩子的成长和家庭环境有不可分割的关系。这个环境不仅仅是经济环境,更多的是教育方式,而教育方式也不仅仅是言传,更多的是身教。

过度迁就孩子、娇惯孩子是害了孩子。

父母对孩子的前途设计要有充分论证过程,不能够反复无常,更不能轻举妄动。

(合肥六中　余良海)

三、饱含爱与真诚的沟通

教育即教书和育人。作为一名教师,我们除了教授学生文化知识以外,对学生思想的教育也是必不可少的。尤其是在平时的班主任工作中,重视学生的思想变化,走进孩子们的心里,我认为最好的方法就是用真诚的心去和他们交流,以一种爱生的情感去走近他们。只要我们以诚相待,学会倾听,总能达到很好的沟通效果。作为班主任,平时的工作繁琐事很多,虽然高中生相对比较成熟,但毕竟还是孩子,很多时候对事情的理解还是很孩子气的。尤其是遭到老师的批评,很多时候会对老师有一些误会,如果不及时解决,往往会影响孩子很长时间。

我的班里有一个男生,他是一个比较内向的孩子,在和他的家长沟通时我得知,从小到大由妈妈带在身边,和别的小朋友接触少,不善于和人交流,遇到问题总是自己一个人闷着,就是连自己的爸妈也不愿意向他们诉说。久而久之,这个孩子的性格就更加内向,甚至与别的学生交流时会令人觉得他有点"怪"。高一下学期，我明显感觉到这个孩子在班里与其他孩子无法交流，对待老师的态度也非常冷漠。在一次体育课上，他全然不顾老师的要求，做了一些违反纪律的事情，还当面顶撞老师，学生反映到我处，我非常恼火，把他叫到办公室，正想发火时，我突然看见孩子的眼睛里有一种无所谓的神情，脸上的表情也相当麻木，我就改变了自己的想法，让他去学校的小树林里等我。当我调整好自己的心态到达小树林的时候，我发现他的情绪也比较冷静了。于是我就提出："我们俩好好谈谈，说什么都可以，但一定是真心话，哪怕是自己的不满和牢骚，今天一次说清楚。"他犹豫了很久，始终不说话，我再一次鼓励他："咱们接触已经一年了，老师是个什么样的性格，相信你也有所了解。今天无论你说什么，都只是我们两个人之间的秘密，出了这个小树林，就当什么事情也没有发生过。"一丝犹豫之后，他终于开始说了，但是第一句话就让我觉得丈二和尚摸不着头脑，他说："老师，我觉得你对我有偏见，同学们也对我有偏见。你们用一种不正常的目光看我，我讨厌你们、恨你们。"我着实吃了一惊，不禁暗想：好像没有啊！虽然很不解，但是我还是耐着性子对他说："你能说得具体一些吗？"

在他接下来叙述的过程中，有两点是我感觉最突出的：一是他很善于表达；二是他的内心很渴望与别人成为朋友。这样的一个与平时不太一样的孩子在我面前说着许多我平时想都没有想过的事情，我震撼了。他的整个话语中饱含了对我的不满，他说："老师，你知道吗？刚进班的时候我是那么喜欢你，因为你开明、洒脱，以及对我们真诚的关心和爱护。但第一学期的期中考试后我改变了对你的看法，你在成绩表上在我和另外一个考得很差的同学的名字上画了一个圈，我觉得你对我有不一样的看法。从那次以后，我也觉得你对我和从前不一样，总是看我不顺眼的样子，当然这也许是我的心理作用吧。还有一次，早读课前我在走廊上擦窗台，你从我身边走过，看都没有看我一眼，我很受伤，我想如果是其他同学，你一定不是这样，这就更加坚定了我的看法：你对我有意见，不喜欢我。从那以后，我就再也不喜欢你了。"他还说类似这样的事情，其他同学对他做过。我突然觉得这个孩子很让人心疼，因为一贯不和人交流的他，该是经历怎样的思想斗争，才愿意一下将自己的内心暴露在我的面前呢?同时我也很欣慰,至少他还愿意跟我说,这是一个改变的机会。我对他提出的疑问——给了回答,起初他半信半疑,但看见我说得非常真诚,慢慢地也就相信了。说实话,他所提到的问题,有的确实是误会,有的是在我的立场上根本没有想到的,说者无心,听者有意。那天我和他大概谈了将近两个小时,随着谈话的深入,我明显感觉到他对我的抵触情绪已经渐渐地消退,对于我说的对的地方也点头表示赞同,这时我绷紧的心也开始稍觉轻松了。

现在回想起来,觉得当时的自己也真是很了不起,因为刚开始和他谈的时候,他的言辞是相当激烈的,如果我不是耐心地听,始终压抑自己的情绪,很有可能谈话无法进行下去,那样的结果会比不谈更加糟糕。而支持我谈下去的唯一信念就是:对一个学生的真诚和爱是不会带来坏的结果的,只要作为老师的我能拿出我真正的诚意去和学生沟通,他们是能感觉到的。那次谈话的效果非常好。那个孩子临走前跟我说:"老师再见,谢谢您!"我觉得自己的努力没有白费,我让一个孩子感受到其实他的身边有很多人在关心他。解除误会,大胆地和别人沟通,才能收获更多。现在的他已经完全融入了这个班级,他会在别人需要关心和帮助的时候出现,同学们也慢慢地接受了他,他的成绩有了非常大的进步。是啊,当一个人敞开心扉时,他的状态就会变得很好,成绩当然会提高啊!

真诚待人你会收获友情,用你的爱去关心每一个学生,你也会收获他们赤子般的纯真的爱。我想作为一名80后的教师,我们不仅仅要扮演好一个老师的角色,在很多时候我们也应该拿出自己最真实的一面去面对学生。和他们成为朋友,也许你不一定能做到最好,但你一定会更好地走进孩子的心灵,让师生的情谊长存!

(合肥六中 杨益玫)

四、用爱浇灌每一朵花,不抛弃,不放弃

进入教师行业已有近十个年头,一路走来,喜怒哀乐都有。最大的感受是自己渐渐学会了用爱培育每个孩子,不抛弃、不放弃,哪怕是始终成绩倒数第一的孩子。

参加工作之初,我一直以严师要求自己,严师出高徒嘛,奉行的也是

"晓之以理"的教育策略。有点"机械"地认为高中生都是半大的成人了，都是懂道理的年纪了，老师把道理说明白了，你作为学生就应该做。然而，在教育的过程中，我忽略了在"严"的同时也要"慈"，特别是工作第二年遇到一个十分叛逆的孩子，"晓之以理"似乎无济于事，经常和我对着干，使我十分苦闷，以至于认为这个孩子太不懂事了、无可救药，同时也在思索自己对这样的孩子的教育方式。渐渐发现，孩子固然叛逆，自己的教育方式也过于生硬。教育，要刚柔并济，晓之以理，还要动之以情。当明白这些之后，那个孩子已经休学留级离开了我的班级，至今我都觉得有些遗憾。但从那以后，我的教育"温柔"了许多，效果大大超过以前，特别是在对一位叫小雨的同学的转化教育上。

小雨是高二文理分科后进入我的班级的。进班级成绩倒数第一，从她高一班主任处了解到她高一经常请假不来上课甚至旷课，课堂听课也不够投入，老是走神。我知道，第一步我得要求小雨不能缺课。第一次班会也是第一次和小雨打照面，我是以严师的面孔出现的，严肃地将班级常规纪律和违规的惩罚陈述清楚。在与一些孩子交流的过程中，我得知孩子们都认为我是严师，有些战战兢兢，不敢犯错误。可能因为怕惩罚，高二开始几周了，小雨一次课也没缺过。第一步，成功！

我知道，仅仅这样不够，保不准哪一天，或者小雨，或者班上的哪个孩子会在无法承受"高压"时，来挑战我严厉的极限，到那时，一旦我束手无策，班级秩序就要失控。在纪律面前，我是严厉的，但在课余我要和同学做平等的朋友。我特别留心小雨，上课还是走神，自习课不专注，四十分钟内一会儿写写这本作业一会儿写写那本作业，都没写完；课间也不怎么和同学玩闹。开学一个半月后的阶段考试，小雨还是倒数第一。我把小雨叫到了办公室，我不再是严师，开始用亲切、平等的语气和小雨交流。起初她小心地站在我的面前，对我问的话只用很少的一两个字来回答，我只好鼓励她大胆和我交流。突然，小雨低声哭了起来，告诉我，因为成绩不好，自己特自卑，不敢和班上同学交流，学习起来也烦躁得很，每次父母知道考试成绩后，就是对自己一顿劈头盖脸地训斥，自己感觉十分委屈，无法面对父母，不想学了。得知后，我一边让班上成绩很好的同学（也是小雨班上唯一的朋友）和小雨做同桌，告诉小雨老师会帮你的，同学们会帮你的,一边请小雨的家长来学校商谈家庭教育方式,特别是孩子学习,成绩暂时不好要鼓励而非训斥。

严格的纪律要求与宽松的师生交流、与家长保持联系一直伴随着我、小雨以及班上所有的孩子升入了高三。高二一年里,班级秩序井然,学风浓郁。因为基础欠缺的太多以及学习当中的不良习惯无法彻底改掉,小雨的成绩还是倒数第一。但令我欣慰的是,即便高考只剩下很短的时间,小雨始终没有放弃努力,坚持在努力改变不良习惯,不屈服于困难的精神感动着周围的同学和老师。我想,这就足够了。我祝福小雨高考理想并和小雨一起努力。哪怕高考一时失利了,学会了努力,学会了克服挫折的精神,未来的人生小雨一定是赢家。

在小雨的教育过程中总结自己几年前不成功的教育方式,我深刻感受到:付出爱的过程是甜美的,付出爱的道路是艰辛的。我曾为学生不学习而大动肝火,曾为做通学生的思想工作而绞尽脑汁,曾为学生的不理解而心酸流泪。对待学生要有爱心,辅导学生要有耐心,教育学生要有诚心。只有用爱心善待每一位学生,才会在教育教学上喜获丰收。热爱一个学生就等于塑造一个学生,而厌弃一个学生无异于毁坏一个学生。热爱学生,不仅要爱好学生,更要爱有缺点、有问题的落后学生。因其差,因其问题多,才需要教师付出更多的时间、精力和爱心。"捧着一颗心来,不带半根草去。"陶行知先生的真知灼见,犹在眼前。宽严有度地培育,祖国的花朵会开得更美丽。

(合肥六中)

第三节　教研结合

一、双重性格的小耿同学

小耿同学是在高一文理分班时进入我班学习的,刚来的几天还比较乖,但我对他的情况早有耳闻。他的原班主任告诉我,该生是单亲家庭,父母离异多年,他由母亲抚养,他的外公外婆、姨夫姨妈对他都比较宠爱,多次找老师说,就是孩子犯了错误也不要批评孩子。他们讲,孩子自尊心太强,太要面子。了解到这些后,我对他和他的家长在接触的过程中就多了一份注意。

在和他慢慢接触中,我发现他在老师和同学们面前显得很高傲,目中无人,对什么事情都不屑一顾,在班上很没有人缘,没有自己的好朋友。但是我看到的这些和他妈妈所说的他儿子在家的表现简直是天壤之别。他母亲是高校教师,素质不错,通情达理。我在想,这么不错的家长怎么会有那样的儿子? 他母亲讲,他在家里很自卑,没有自信,眼神中时常透露出茫然,让人猜不透孩子的心思。我觉得很矛盾,对于一个孩子来讲,怎么会有这样大的偏差呢?

在正常上学的日子里,他经常不交作业、迟到、旷课,不值日。对于他的这些行为,我只能是好言相劝,他的偏激行为使我不敢对他实行班内的奖惩制度,其他孩子也能理解,对老师的做法默许。由于旷课学校的处罚较严重,他也不敢太过分。我印象很深的就是他妈妈的那条编好的在手机内保存的短信,每次孩子一说不来,她就把生病发烧短信发过来了,我的手机里一模一样的短信十几条。这些情况太多了,我到级部去协商,想拿学校的规矩来约束他,使他有所收敛。的确,级部主任、家长和我做的工作有些作用,但持续的时间不是太长,就这样,当他有了问题,我就牵头让任课老师与他交流,有时让更有威望的校长和他交流。总之,想着有一天,随着孩子年龄的增长,他会变得越来越懂事,懂得家长和老师的苦口婆心。

到了高三,他的问题越来越严重,就像一个人生病没有合适的药物治疗一样。他没有自己的目标和信念,所以只是很机械地上下学。在高三正式开学的第一天,他又迟到了,丝毫没有愧疚的意思,径直走进了教室,还把书包往书桌上重重一摔。面对他的肆无忌惮,我用班规来惩罚他,让他背着书包回家闭门思过。在众目睽睽之下他很不情愿,但还是走出了教室。话一出口,就像泼出去的水无法收回,我有点后悔。一是他与我对抗怎么办? 面对全班同学,老师好没面子。二是他出去之后会不会回家呢? 跑到其他地方出了事怎么办? 我赶紧和他妈妈联系,看看他儿子是否回家了。家长讲,送孩子到校后,她就一直在校门口呆着没走,没见儿子出来呀。听到这些,我心里一沉,我带着班干部还有家长在校园内撒网式寻找，到操场看是否翻栏杆出去了，班长讲不会的，他太胖根本就翻不过去，在体育课上就试过。又到池塘边，也没有找到。紧接着到学校的最高楼层7楼，铁将军把门，不可能上去。孩子没找到，我心急如焚，家长眼泪汪汪，急不管用，我又安排同学继续在校园内寻找，家长回家看看。孩子又能去哪儿呢？我去门卫那儿打听，门卫师傅讲当时第一天开学人太多没有注意到这样的一个孩子。就在我的心掉进冰窟窿的时候，家长说找到他了，他就蜷缩在校外一个小角落里。我刚才如履薄冰，如临深渊，现在如释重负，一直悬着的心总算落下来了。这件事情发生过后，我觉得该生的双重性格体现得已经很明显了，行为对比判若两人。我把发生的事情写下来，给他约法三章，家长、老师、学生签字。一张纸真能改变他吗？接下来，他被安排到第一排就座，我这时觉得他很痛苦，因为没有什么追求，每天如同玩偶重复着应该重复的。虽然没有出现什么大的问题，现在在班内也很少找到他的那份高傲了，小孩子内心的痛苦写在了脸上。高三开学不久，学校给孩子们提供上晚自习的机会，他妈妈就觉得这下可好了，这样用集体这个大环境来限制一下孩子，他还可能学点东西，我也同意他上晚自习，想着也许他会有转变。我们的期望再一次落空。孩子一上课就把书包丢在课桌上，人就跑了。后来了解到，他跑去网吧了。家长也被他折磨得憔悴不堪，妈妈那张很漂亮的脸上总是带着忧伤。小孩还能有什么前途？后来他们的家庭会议决定把他转到他爸爸身边去读书，孩子从内心深处很崇拜他爸爸，他爸爸不仅学历高，而且事业有成。最后在他走前我们的一次谈话使我突然发现他好像成熟了很多，我们的每一次经历都会推动我们成长！我衷心希望环境的变化会使他变得更懂事，以后发展会更好。

　　在对单亲家庭小孩进行教育的过程中不难发现：不管是什么原因造成的单亲家庭，在孩子教育方面的第一个较大问题是"教育功能欠缺"或"教育功能不全"，对子女的教育是父母双方的责任，缺少一方，有些作用是难以代替的。而且双亲都在身边给孩子带来更高的安全感和情感满足，这是单亲家庭所没有的，这是不能不承认的事实。另外，孩子在群体中容易与他人比较而产生失落感和自卑感，成为一种无形的心理压力。如果再有个别同学说些歧视的话，这种压力会加剧，直接影响到孩子的学习和品行。对于单亲家庭孩子,可以采取以下措施:一是要做好单亲学生家长的教育辅导工作。单亲家庭家长大多有较强的保护意识,确切说是补偿意识。由于家庭的破裂,周围人对这些儿童的过分关注、同情和溺爱,会使他们形成对他人冷漠、自私等缺点,自我调节及适应能力没有得到良好的发展,很容易形成不良的行为习惯,更有甚者可能走上犯罪的道路。所以对单亲学生家长进行辅导是必要的。二是用友情弥补亲情。单亲家庭学生所处的环境,特别是他们每日每时所生活的班集体的班风和同学们良好的关系对他们是特别重要的。在班风良好的班中,同学与同学的关系既反映在能处理好个人与集体的关系,又反映在能处理好个体的竞争与合作上。这样单亲家庭学生就能生活在一个充满真情的班集体里,他们自然会感到生活充满阳光,就会以积极的心态面对一切。

在今后的教育工作中,我们还需要为单亲家庭的孩子撑起一片温馨的天空,因为这些祖国的"花朵"更需要"阳光雨露"的滋润。

(合肥六中 郭建卫)

二、高中生厌学案例分析及对策

在高一新生开学不久的某一天,来了两位年龄稍大的家长,向我反映我们班陈同学的一些情况,当时由于是刚开学,对学生还不是很熟悉,搞不清这位同学是哪位。我想既然这位同学的"爷爷奶奶"同时出现在学校,这次的谈话一定不会仅仅是因为陈同学的学业成绩。就在我思考的时候,陈同学的"爷爷"说话了:"朱老师,您是不是以为我们俩是陈同学的爷爷奶奶呀,其实我们是他的爸爸妈妈,中年得子,我们在家比较宠着他、爱着他。要什么都能满足,但他在家里学习极其不努力,就喜欢玩电脑游戏,有时他会等我们睡觉之后再起来玩游戏。初中那会他较小我们还能够管得住他,现在高中了,也大了,1米8还多一点呢,有点不服管教了,嫌我们啰唆了。"原来今天他爸爸、妈妈来学校,主要因为昨天晚上陈同学提到不想读书,而且竟然发脾气推倒了家里的桌子,今天死活都不肯来学校。父母来校反映这个情况,希望老师们能够多开导、多管教。

陈同学,给我印象最深的就是他那茂密的胡须。看起来要比其他的同龄同学显得成熟、稳重一些。据前段时间的观察,我还计划让他做班干部呢,今天这个信息太重要,如果让他做了班干部,怎能起到模范带头作用,又怎能把我们整个班级管理好呢? 我想先观察一下,然后找到合适的契机有针对性进行教育。这个高高瘦瘦的男孩是一个典型的乖乖男。上课,他既不会像有些同学那样显露出疑惑或惊喜的表情,又不会像个别同学那样一副萎靡不振、永远昏昏欲睡的样子。他始终保持一种状态:低着头听讲、做笔记,脸上永远是那样淡然自若。下课,他很少离开座位,要么拼命写作业,要么沉默地坐着,偶尔东张西望也是那样漫不经心。55个人的集体有时候会吵闹得波涛汹涌而无法止息,而他是最细微的波纹,细微到可以忽略他的存在。

自从那天了解了陈同学的情况后,我就开始搜寻关于陈同学的资料:①初中(48中毕业的)是一个很聪明、成绩较好,数理化特好。(其中初二时与班主任关系搞得很紧张,中途到科学岛实验中学借读一年半,后来回原学校参加中考。)中考成绩在班级中名列前茅。但有严重的偏科现象,英语成绩一直不稳定。②父母年龄稍大,比较宠他,尽可能满足其要求。③平时除了上网没有其他爱好,并且对游戏的痴迷超出了正常的范围。④不善言辞,不爱与别人交流,性格内向。⑤值得肯定的是,能够虚心接受老师的意见(但执行的力度不够),做事情很认真、很负责……

在开学之后的第一次段考中,果然成绩有了很大的落差,从进班的第7名到这次的第43名,仅仅是一个月的时间,说明这一个月他根本就没有学习。初中的优等生,高中的后进生,这样的落差恐怕任哪个学生都难以接受。如何尽快走出优等生的光环,以积极的姿态投入高中新一轮的学业竞争,这是摆在所有高一学生面前的一道难题。有些学生就是因为没有办法迅速调整好心理,跟不上学习的节奏,从而成绩突然滑坡,成绩下滑又必然导致心理上的波动,反过来进一步影响了学习,长此以往必然导致恶性循环,从而一蹶不振。这样的例子比比皆是。必须抓紧调整其状态,必须激起其学习兴趣,尽快把缺失的弥补回来,否则只会越来越差。

考试后,我找到陈同学,和他交流了如何适应高中学习的问题。在谈话中,他始终保持着沉默,若有所思地倾听着。

之后,为了调动其学习积极性,弥补落下的课,我开始偷偷地在他身边找"托"。因为他数学、物理成绩不错,我就叮嘱一些和他志趣相投的同学主动跟他讨论数学、物理问题。课堂上，我会特意请他回答，并对他大加赞赏。为了进一步锻炼他主动与人交往的能力，我还向语文、英语老师提出在课堂上要尽可能提问他。通过半个学期的齐心协力，高一上学期的期中考试，他的优势学科得到了保持，其他课程的成绩也突飞猛进。特别是英语有了显著进步。班级第18名，当我在课堂上总结期中考试，对其进行表扬肯定的时候，他的脸上露出了灿烂的微笑。那一刻，我知道，老师的关注和同学们的关注帮他打开了紧锁的心门，令他对自己再次充满了信心，而一个自信的孩子就算遇到再大的失败也一定能够勇敢地站起来继续前行。

可是，同学们的关注毕竟是一个"托"，而我们还要面对其他同学，也不可能长时间把精力放在他一人身上。如果有一天，这些都没有的时候，陈同学还会依然自信地微笑吗？于是，我开始重新审视这个问题：在学生中普遍存在的厌学到底是因为什么？

轻微的厌学通常表现为：上课不能全神贯注听讲，学习中遇到困难，感到疲倦，难以坚持，偶有放弃学习的念头等。但是，通过学校老师、家长的耐心说服教育和自身的情绪调整，又能够重新投入学习之中。这种轻微的厌学现象比较常见，也比较普遍。严重的厌学，是指厌学者长期以来，在读书学习上不能投入，效率低、成绩差，甚至恨书、恨老师、恨学校，一提到学习就恶心、头昏、脾气暴躁甚至歇斯底里。虽经教育，但厌学心理难以改变，经常出现说谎、逃学、出走等行为，对网络产生依赖，妄想在虚拟世界寻求安慰与解脱。这种反应就较为严重。学生为什么会有这种反应呢？

通过教育教学实践、观察和调查研究，来自社会、家长、学校、学生自身的综合因素是造成学生厌学的重要原因。

社会飞速发展，生活质量提高，但是，生活越来越忙碌，就业形势越来越严峻。中学生也不可避免地受到影响。家长求才心切，部分家长对子女的期望不切实际，标准过高；学校片面追求考试质量；在现实中，也有个别教师在教育中不能面向全体学生，尤其不能容纳成绩差、品行差的学生，以致很多学生背负着成年人所赋予的沉重包袱。

有些厌学的学生出现严重的心理障碍，他们性格不合群，自信心缺乏,生活热情不高,逆反心理极强。生命本是坚强的,但也是脆弱的。所以,在厌学情绪发展到最严重的时候,个别学生甚至用自杀的方式来逃避学习。报纸上的一些报道让人吃惊,让人惋惜,也让人思考。所以,我们必须寻求有效的解决途径,在学生厌学或者快要厌学的时候,伸出援助之手,给他们一片快乐的天空,让他们愉悦地学习。

著名教育家陶行知先生说:"捧着一颗心来,不带半根草去。"这里所说的"一颗心"是对学生的真情之心、挚爱之心,对教育事业的无私奉献之心。有了这颗心,我们每一位教师就有了开启学生心灵的金钥匙,从而以情感人、以理服人,牢牢把握厌学生转化工作的关键。

1.教师的爱心是学困生转化的前提

教师对厌学生是否具有爱心是厌学生转化工作成功与否的关键。教师尤其是班主任要把自己的爱心渗透在方方面面,使厌学生时刻体会到老师对他的关怀与帮助,缩短师生之间的距离,改善师生之间的关系,使他能体会到学习的乐趣,这就是"亲其师信其道"的意义。

作为班主任要经常深入学生中去,尤其要关注那些厌学生,要善于捕捉他们身上闪光的地方,他们更需要得到尊重和表扬。

2.组织丰富多彩的第二课堂活动

第二课堂活动是激发、培养学生学习兴趣的有效途径。思想活跃的中学生不满足于课堂上的接受,而企望开展课外活动或参与社会实践。我们可以组织学生参与以"勤学成才"等为主题的讲故事、演讲、读报等活动,使学生体会读书的社会价值,从而产生积极的学习态度。在实践中培养其学习兴趣,可以根据学生的爱好、特长,分类组织兴趣小组或特长班,让学生充分施展其才华。

3.运用生动活泼的课堂教学方法

得当的教学方法,对解开学生的思想疙瘩,活跃课堂气氛,调动学生学习积极性,起到事半功倍的作用。①改以往传统的教学为表演、演讲、辩论、讨论、竞赛等形式和多媒体现代教学手段来激活课堂。②要多检查、指导厌学者的作业。这样,才使他们体会到平等,并感受到老师的慈爱。③布置作业应适度、新颖,杜绝"题海战术"。④多指导学法,交给学生学习的"钥匙"。教给学生学习的方法,能使学生克服学习的盲目性,提高自学能力,诱发学生的学习兴趣。⑤语言要生动形象,幽默风趣,富有情感,教态要得体。

4.让厌学生转变学习方式,掌握学习方法,主动学习

"兴趣是最好的老师,它永远超过责任感。"在教学实践中,我们要激发兴趣,培养厌学生的主动意识,从而调动厌学生的积极性,让他们主动参与问题的思考和讨论,培养厌学生的创新精神、学习能力。引导他们质疑、调查、探究,在实践中富有个性地学习,对厌学生小的创造,教师应给予肯定和推广。教师的鼓励、表扬使他们体验到成功的快感,这种快感更能升华为渴望继续学习的情感,促进他们更加深入地学习。

总而言之,学生厌学心理的成因是错综复杂的,解决厌学心理问题的途径也是多种多样的,需要我们在实践中积极探索,合理选择或综合运用,才能取得良好的效果。

(合肥六中　朱兵)

三、爱心　赏识　宽容

有个学生叫吴某,从高二时进入(12)班。我担任班主任兼英语老师,发现他上课无精打采,总是低着头,提不起半点学习的兴趣。老师提问,他缄默无语。作业要么不做,要么乱做。每次段考或期中、期末考试,他在班级都是倒数第一。任课老师都认为,这孩子基础太差,性格又内向,缺乏上进心,提高看来是无望了。只要他遵守纪律,上课不影响别人,就行了。我听了,不觉从心底泛起一股凉意。于是我决定把他定为帮扶的重点。首先与他家长联系,搞清楚他的学习和思想情况。

从他母亲那里,我了解到:他进入高一时成绩不太理想,基础不牢。后来随着高中学习生活的开始,所接触的知识越来越多,可他还是持有初中时对学习的态度,认为考试前突击几个夜晚就可解决问题,至于平时的上课以及课后的复习都无关紧要。结果,高中阶段的第一次考试很不理想,但他并未认识到自己的学习态度和学习方法有问题,仍然一味地坚持这种看法。与此同时,他父亲由于生意往来的原因而常年在外,根本没有时间和精力过问孩子的学习,母亲性格太柔弱,虽然知道孩子学习有问题,但只是认为对孩子进行简单说道就可以使孩子学习状况发生转变,虽然每次苦口婆心但缺少必要的监督和严格的执行力。结果，该生学习非但没有起色，反而越来越下滑。后来，该生认为自己成绩已经到了无论花费多大力气都无法挽回的境地，因此他的兴趣也发生了变化，开始迷恋上网。但由于受到家长和学校的监督，他不能有恃无恐地去网吧，无奈之下，他开始节衣缩食，每天不吃早饭，将家长给的早点钱节省下来买了一部五六十元的手机，上网冲浪、交友聊天。虽然后来家长有所发现并没收了他的手机，但由于他的筹资方式很独特，家长无法断其资金链，在这之后，他又陆续买了几部二手手机。长此以往，他的学习一落千丈，稳稳地奠定了全班倒数第一的坚实基础。直至高二分班进入(12)班时，很长时间以来成绩一直倒数第一，学习兴趣全无，无人能及。

针对他的情况，思虑再三，我决定从两方面入手。

首先，我抓住一切机会接近他，敞开心扉，以关爱之心来触动他的心弦。经过的谈心，他终于明白自己当前做学生的首要任务是学习，不能辜负家长对自己的期望和付出的百般辛劳，唯有用心学习，不断提高成绩，才是对家长最好的报答。终于他将自己千辛万苦节省而积攒的早点钱购买的最后一部手机主动交给了家长，并在我面前提交书面保证，保证今后不再玩手机，一心搞学习。

其次，我与科任老师统一意见，用鼓励的眼光来看待他。利用他节省而积攒早点钱购买手机这件事赞扬他孜孜以求的恒心，和其他科任教师一起鼓励他，他只要他拿出如此恒心，各科成绩一定会有很大的突破。同时，老师们找他谈心，帮他分析各科学习的弱点并教他重新整理各科笔记，鼓励他多向老师问问题。以情动其行，使他坚定了"世上无难事，只怕有心人"的信心。在后来的日子里，我一次次亲眼见证了他整理笔记、背记单词短语、向同学和老师及时请教问题的行动。从高二第一学期期中考试起，该生总成绩由原来的倒数第一名逐步上升，他本人也逐步树立了信心，并表示今后将更加努力，以更饱满的精神状态迎接高考。总结一下，以下做法可供参考。

（1）奉献爱心，增其自信。作为一名班主任，要搞好教育工作，都应"以人为本"，尊重每一位学生。教育是心灵的艺术。我们教育学生，首先要与学生之间建立一座心灵相通的爱心桥梁。这样老师才会产生热爱之情。我们教育的对象是活生生的人,那么教育的过程便不仅仅是一种技巧的施展,而是充满了人情味的心灵交融。心理学家认为"爱是教育好学生的前提"。对于吴某这样特殊的学生,我放下架子亲近他,敞开心扉,以关爱之心来触动他的心弦。对于学困生,教师应给予更多的爱,经常鼓励、帮助、督促他们,使他们增强自信心。

(2)运用赏识,促其发展。每个学生身上都有优缺点,学困生也并非一无是处。对于学困生身上表现出来的哪怕很微弱的闪光点、很微小的进步,我们教师要及时给予引导肯定,尽量挖掘其闪光点,努力从赞美中去满足他们的心理需求,使他们产生欣慰、幸福的内心体验,增强荣誉感、自信心、上进心,提高学习的兴趣与内在动力。当一个孩子对学习有了兴趣与动力时,他的提高就变得轻松、容易多了。

(3)宽容后进生,学会反思与等待。声色俱厉,不留情面,对学生的教育批评方法越简单,与学生的对立情绪越强烈,班级工作、课堂教学就越难以开展。"训斥、罚站"往往剥夺了学生的自尊,这样树立起来的威信,往往是暂时的。在班级里经常会有一些特殊的学生,他们对自尊有强烈的需要。教师要做有心人,尽量避免伤害那脆弱的心灵。但凡是后进生的转化,都要经历"违反—教育—再违反—再教育"这样一个特殊的过程,这是一个较长时间的教育过程。当屡次批评不起作用时,除反思自己的批评方法外,还要反思批评场合和自己对学生自身特点的认识。宽容是一种信任和激励。实践证明,宽容是一剂良药。关键是对症下药,但宽容不等于放纵。

总之,后进生的心灵花园不是一片肥沃的田野,在这片贫瘠的土地上要获得丰收,需要温暖的阳光、湿润的雨露。让我们携起手来乘赏识之风,捧起关爱之情,燃起信心之火,播下希望之种,使每一位后进生沐浴在师生的关爱之中,共同把后进生转化为先进生,使他们成为国家的栋梁之才!

(合肥六中　李瑶)